SIX CZECH POETS

SIX CZECH POETS

Translated by Alexandra Büchler,
James Naughton, Justin Quinn
and Bernard O'Donoghue
with Šimon Daníček

Edited and introduced by
Alexandra Büchler

PUBLICATIONS
2007

Published by Arc Publications
Nanholme Mill, Shaw Wood Road
Todmorden, OL14 6DA, UK
www.arcpublications.co.uk

Design by Tony Ward
Printed by Lightning Source

ISBN-13: 978 1904614 18 0

The publishers are grateful to the authors and translators and,
in the case of previously published works, to their publishers
for allowing their poems to be included in this anthology.

Cover design by Pavel Büchler.

Arc Publications acknowledges the kind support of the
Ministry of Culture of the Czech Republic

The publishers acknowledge financial assistance
from Arts Council England, Yorkshire

LOTTERY FUNDED

The 'New Voices from Europe and Beyond' anthology series is published in
co-operation with Literature Across Frontiers which receives support
from the Culture 2000 programme of the EU.

LITERATURE
ACROSS
FRONTIERS

**Arc Publications 'New Voices from Europe and Beyond'
Series Editor: Alexandra Büchler**

CONTENTS

Series Editor's Preface / 9
Introduction / 10

ZBYNĚK HEJDA
Translated by Bernard O'Donoghue with Šimon Daníček,
and Alexandra Büchler

PETR BORKOVEC
Translated by Justin Quinn

PETR HALMAY
Translated by Alexandra Büchler

PAVEL KOLMAČKA
Translated by Alexandra Büchler

KATEŘINA RUDČENKOVÁ
Translated by Alexandra Büchler

VIOLA FISCHEROVÁ
Translated by James Naughton

The present anthology is the third in a new and much-needed series which brings contemporary international poetry to English-language readers. It is not by accident that the tired old phrase about poetry being 'lost in translation' came out of an English-speaking environment, out of a tradition that has always felt remarkably uneasy about translation. Yet poetry can be, and *is*, 'found' in translation; in fact, any good translation *reinvents* the poetry of the original. We should never lose sight of the fact that translation is the outcome of a dialogue – between two cultures, two languages and two poetic traditions, between collective as well as individual imaginations – a dialogue conducted by two voices, those of the poet and of the translator, which are joined by a third participant in the process of interpretative reading.

It is this dialogue that is so important to writers in countries and regions where translation has always been an integral part of the literary environment and has played a role in the development of their literary tradition and poetics. Writing without having read poetry from other cultures would be unthinkable for the poets in the anthologies of this new series, many of whom are also accomplished translators, for, as well as considering poetry in translation part of their own literary background, they also regard it as an important source of inspiration.

While this series aims to keep a finger on the pulse of the here-and-now of contemporary poetry by presenting the work of a small number of contemporary poets, each collection, edited by a guest editor, has its own focus and rationale for the selection of the poets and poems to be included.

The poets whose work is included in *Six Czech Poets* have become known to the wider Czech readership in the past ten to fifteen years, despite their belonging to two very different generations: the generation exiled by the totalitarian regime of pre-Velvet Revolution Czechoslovakia – whether from public literary life or from the country itself – and the younger generation which started publishing in the late 1990s. Both were faced with the task of mending the broken continuity of Czech poetry, restoring the sources of its inspiration (the subconscious and dreams, the undercurrents of human relationships, or closely observed everyday objects and situations) and, ultimately, the very medium of poetic expression, language itself.

I would like to thank those who made this edition possible and, above all, my fellow translators and the poets themselves.

Alexandra Büchler

The present collection is – somewhat surprisingly – the first anthology of Czech poetry to be published in English since the fall of the Berlin Wall. Several anthologies and collections came out in the 1970s and 1980s, most notable among them the *Anthology of Czech Poetry* edited by Alfred French and published by University of Michigan in 1973.

Despite Jaroslav Seifert's 1984 Nobel Prize, Czech poetry has not achieved the same international recognition as Czech prose with authors like Milan Kundera, Ivan Klíma, Arnošt Lustig and Bohumil Hrabal. Especially in English-speaking countries, Czech poetry is virtually unknown, or rather it is represented by a single figure, that of Miroslav Holub, the most translated poet of the generation which started publishing in the late 1950s and 1960s and became known in the context of its opposition to the political oppression which followed the 1968 invasion of Czechoslovakia by the armies of the Warsaw Pact.

That Miroslav Holub is by far the most widely-known Czech poet is symptomatic of the ready acceptance of cerebral poetry of linear thought, "universal" ideas and easy-to-decipher allegories on the one hand, and of a reluctance to engage with poetry referring to an unfamiliar cultural and literary context on the other. Even Seifert, whose work received a brief flicker of attention following the Nobel Prize award, did not merit as prominent a place in English-language publishing as Holub, whose work was brought out by Penguin and Faber, and later by Bloodaxe. Seifert's selected poems came out in 1986, thanks to the concentrated effort of his translator Ewald Osers, and were subsequently published in the United States by the now defunct Catbird Press, a small independent publisher specializing in modern Czech literature in translation.

The praise for Holub's work from two of the most respected arbiters of poetic taste in the British Isles holds a key to his popularity: "He is a magnificent, astringent genius and this volume sings with an oblique and cutting candour, a tubular coolness we must praise again and again," states Tom Paulin in a quote displayed on the website of Holub's publisher Bloodaxe. Seamus Heaney's assessment is even more telling: "A laying bare of things, not so much the skull beneath the skin, more the brain beneath the skull; the shape of relationships, politics, history…". In other words, what the English-language literary milieu finds attractive about Holub's poetry is also what makes his work stand in contrast to a strong current in Czech poetry which is far more representative of what is close to the heart of contemporary Czech readers.

This current, however, represented here by the poetry of Zbyněk Hejda and Viola Fischerová, had a subterranean flow and remained mostly hidden until the 1990s, a decade of discoveries for the wider Czech readership, as the work of authors who had previously published only in *samizdat*, in exile or not at all, appeared for the first time alongside the work of the youngest literary generation. On the whole, the development of post-war Czech literature was to a large extent affected by the way in which public cultural life was distorted by ideological exigencies which condemned important writers and artists to invisibility. Hejda and Fischerová belong to this generation of Czech writers whose literary careers were disrupted by exile, internal or external, and by the process of "normalisation" – one of the absurd terms applied by the ideologues of the post-1968 totalitarian regime to its own repressive measures. Their poetry was discovered alongside the – until then – completely unknown poetic work of other major Czech literary figures, such as the playwright Josef Topol whose poems were only published in 1997, the artist Jiří Kolář who had been living in exile in France, or their contemporary Ivan Blatný, who emigrated to England in 1948 where he continued writing poetry until his death in 1990.

The work of these poets has it sources in the poetry of turn-of-the-century symbolism, surrealism and avant-garde movements of the twenties, thirties and forties, as well as in the Czech oral folk traditions. Above all, it has its roots in two key works of the nineteenth century which still exert an influence on Czech poetry and on the collective consciousness. One is the celebrated romantic epic *Máj* (May) by Karel Hynek Mácha, with its unrivalled use of the sound qualities and melody of the Czech language. The other is Jaromír Erben's *Kytice* (Bouquet, or Garland), a collection of Czech folk tales and legends in verse which deal as much with human relationships and the ancient social laws governing them as with the complex interaction between Christianity and pagan traditions and beliefs.

Zbyněk Hejda and Viola Fischerová, then, belong to the generation which first appeared on the literary scene in the post-war period and which later faced the dilemma of choosing between dissent or emigration, which in both cases meant a silencing, a distancing from their readership, a waste of creative life. To some extent, Zbyněk Hejda's story reads like the story of so many of his contemporaries. Born in 1930, his first collection *Všechna slast* (All the Pleasure), offered for publication in 1958, was rejected by several publishers on ideological grounds and was finally published in 1964, together with his second collection which had, in the meantime, been completed and brought out in a limited edition a year earlier. His third collection, *Blízkost smrti* (The Closeness of Death) was typeset in 1970 but was not published until it appeared in 1979 in *samizdat*. Hejda's work was finally published in a complete edition in the 1990s, when it brought him general acclaim and made him one of the most popular Czech poets.

What Hejda and Fischerová share is the autobiographical nature of their poetry which, in Hejda's case, crosses over into the territory of an intensely personal, confessional document, a record of events lived, imagined and dreamt, events often charged with a powerful sexual directness. The body of Eros is always entwined with the body of Thanatos, everything is a *memento mori*, a reminder of the ephemeral nature of all things, of the constant presence of those absent and lost. Records of dreams and visions, narrative poems reminiscent of folk tales about the dead rising to claim the living, all point to a rootedness in the oral traditions of village and city folk legends on the one hand, and in the surrealism of the pre-war avant-garde on the other.

As the critic Sergej Machonin stated in his afterword to Hejda's collected poems published in *samizdat* in 1979: "There are poets of light, poets who nurture, poets who follow the current of life, poets of bitter-sweet nostalgia, of divine playfulness... and there are poets cocooned in darkness, fed by the relentless awareness of death, by the anguish of being, by the terror of impermanence." They are, as it were, the poets whose poetry bares the bone and skull (rather than the brain beneath it, as Seamus Heaney would have it) and gives expression of unredeemable anguish caused by "millstones of the soul" as Hejda puts it in one of his poems.

Viola Fischerová's literary career was also interrupted for decades when she went into exile in 1968. She returned to her home-land in the 1990s and achieved immediate recognition with her collections published in rapid succession, as if making up for the long years of isolation from the Czech literary milieu. Her poetry speaks from an intensely personal, woman's point of view, and arguably her most outstanding collection *Babí hodina* (Hag's Hour), published in 1994, is a powerful existential meditation on the indignity of old age, its unredeemable process of physical and mental deterioration ultimately ending in the "darkness" of nothingness. Reminiscent of another well-known cycle on the same subject, Frantisek Halas' *Staré ženy* (Old Women), it is distinguished by a quality of raw directness, while its poetics sometimes point to the oral tradition of dark folk legends. In one of the most compelling and memorable poems from this collection dealing with the taboo subject of incest, the victims are redeemed by their own love and need for love and, as in a folk legend, their severed heads grow back and their broken hearts become whole again.

Kateřina Rudčenková, whose generation knows nothing of the difficulties and obstacles faced by Hejda and Fischerová and their contemporaries, became one of the most acclaimed female poets of the 1990s. She can, in fact, be seen as Fischerová's younger counterpart; her intensely erotic poetry speaks of a young woman's passions and desires, of the frustrations, tensions and disappointments of male-female relationships, as well as of a fear of old age which makes the body a burden rather than a source of pleasure.

Pavel Kolmačka and Petr Halmay both made a mark on the Czech literary scene of the 1990s despite their relatively modest output. Kolmačka's second and, to date, his last, collection came out in 1998, and although his work is mainly considered in the context of Czech Catholic poetry, the immediacy of its existential quest and its child-like vision places it in a category of its own, as does Halmay's delicate lyricism and exploration of the fleeting revelatory moments of everyday life.

Petr Borkovec's debut collection in 1990 was followed by seven books, several of which have been translated into other languages, making him the best-known contemporary Czech poet abroad. His poetry, subtle and formally refined, complex and demanding, represents an accomplished, mature *oeuvre* despite the fact that Borkovec is not yet forty. A translator, editor of two literary journals, teacher of creative writing and active organiser of poetry encounters, Borkovec is influential in the Czech literary scene in many different ways; his work, in turn, owes a debt not only to earlier Czech poetry of the first half of the twentieth century but also to the Russian poets of the same period that he has translated. And it is with poets like Borkovec, and his elder peers, Hejda and Fischerová, that we are reminded again of the key role translation plays in the development of a literary milieu and of the work of individual poets.

Publication of literature – and especially of poetry in translation – depends largely on the dedication and commitment of translators, and we should not forget to mention the ambassadors of Czech poetry in English-speaking countries, translators of a generation most active between the 1960s and late 1980s – Jarmila and Ian Milner, George Theiner and Ewald Osers. While their prolific translations did not always do full justice to the originals, they made a systematic effort to introduce Czech poetry to English readers in literary magazines and books. This generation of translators has regrettably not been replaced by an equally active younger group. Today, translators of Czech poetry include the academic James Naughton and poets Justin Quinn and Matthew Sweeney, who have concentrated on translating the work of a few selected Czech poets with the required linguistic knowledge, passion and dedication. We can only hope that their fine work may inspire a new generation of translators who will continue to broaden the notion of what may also constitute poetry for English-language readers.

Alexandra Büchler

ZBYNĚK HEJDA

PHOTO: PETR KOTYK

ZBYNĚK HEJDA was born in Hradec Králové in 1930. A poet, essayist and translator from English and German, he worked as publishing editor and second-hand bookseller and, after he joined the Charter 77 movement, as janitor until the Velvet Revolution in 1989. After 1990 he taught medical ethics at Charles University. His first volume of poetry, *Všechna slast* (All Pleasure) was published in Prague in 1964, but all his subsequent work had to come out in *samizdat* [underground] editions and was only republished in the 1990s. His collected poems came out in 1996. A selection of his poems in English translation was published by Southword Editions under the title *A Stay in the Sanatorium*, translated by Bernard O'Donoghue and Šimon Daníček, and some of these are reprinted here. Hejda has translated the work of Emily Dickenson, Georg Trakl and Gottfried Benn. He divides his time between Prague and the village of Horní Ves.

BUDE PO JARU

Bude po jaru.
I noci k nedýchání.
Jak naložení na káru
drncáme se k milování.

Naplněn štěstím,
všechno je mi k smíchu.
Naplněn štěstím
klekám k nádhernému břichu.

A ono se otvírá jak květ.
Nořím se do útrob.
Ten žert, ten žert:
je to hrob.

SEN

Setřepu mokrý sníh se zimníku
a vstoupím do bytu,
kde jasné světlo svítí
zpod zeleného kšiltu lampy v kuchyni,
tatínek za stolem listuje v knize,
maminka dělá něco u kamen,
oba se ke mně obracejí,
já štěstím bez sebe se ženu k nim,
dvě prázdné díry naproti ve zdi zejí,
na zemi se povaluje klíček od hodin.

THE SPRING WILL BE OVER

The spring will be over.
Also nights when you can't breathe.
As if piled on to a cart
we are lurching towards love-making.

I am full of cheerfulness;
I find everything absurd.
I am full of cheerfulness,
kneeling by a lovely womb.

And it is opening like a flower.
I am sinking into the bowels.
That old joke, that old joke:
it's a grave.

A DREAM

I shake the wet snow off my winter coat
and enter the apartment
where a bright lamp with a green shade
illuminates the kitchen
at the table, father is leafing through a book
mother is busy cooking
both turn towards me
I rush to them ecstatic, happy
two empty holes gape in the opposite wall,
a tiny clock key lies abandoned on the floor.

SEN O JAPONCÍCH

Vcházíme do jakéhosi zámku, těsně přede mnou pomalu vjíždí auto. Je to běžné moderní auto, ale neudrží rovnováhu, vzadu vlevo se nebezpečně vyklání, mohlo by se převalit. Všímám si, čím to je: levé zadní kolo není celé, teprve teď vidím, že kola vozu se skládají z kulatých dřevěných špalíků; aby kolo dosáhlo potřebné šíře, musí být čtyři ty špalíčky vedle sebe, a u levého zadního kola dva chybějí.

V autě jede žena, o níž tuším, že je chromá, přijela *také* k audienci. Auto se rozkládá. Jsou to nyní sice ještě pohromadě držící, ale už volné kusy nábytku: barevné, zejména oranžové a modré klubovky.

Přicházíme na řadu hned. Jsem tomu rád, je to snad znamení přízně? S námi je tam také dvojice Japonců, on a ona. Ona je krásná drobná Japonka. Protahuje se za mnou k svému Japonci, já stojím před klubovkami, při tom o sebe zavadíme rukama. To se děje při audienci? Hned při prvním doteku její ruku lehce podržím, zdá se, jako by naznačila, že chce svou ruku uvolnit, ale hned potom přilnutí její ruky k mé, je to krásná suchá teplá ruka s dlouhými prsty. Přisává se k mé ruce, opírá mou ruku o své stehno, zpočátku jen mírně, potom víc, stále víc cítím její tělo, její stehno, teď už jí vidím do tváře, která se slastně usmívá, vím a vidím, že druhou rukou drží svého Japonce. Je těhotná. Potom Japonec mizí.

Ona se sklání nad mým údem, zpočátku se ho dotýká jenom dechem, dlouho, jako by váhala, pak uchopuje můj úd ústy. Dívám se na celou tu scénu seshora. Můj údiv, že "úd je hedvábný". V jejích ústech topoří, cítím něhu, která je něžnější a něžnější…

Při probuzení ji hledám, nemohu pochopit a nemohu se smířit s tím, že zmizela. Jsem z toho nesmírně smutný.

A DREAM ABOUT THE JAPANESE

We are entering a castle, just in front of me a car is slowly driving in. It is an ordinary modern car, but it is not keeping its balance, at the back it is leaning dangerously towards the left, it could turn over. I notice the reason: the left back wheel is not complete, only now I can see that the wheels of the car are made of round blocks of wood; for the wheel to have the right width, there must be four of these, side by side, but two are missing from the left back wheel.

There is a woman in the car who, I suspect, is lame. She has *also* come to the audience. The car is falling apart. Now it is made of pieces of furniture, still holding together, but separate: colourful armchairs, mostly blue and orange.

Our turn comes quickly. I am pleased about that; can it be a sign of favour? A Japanese couple is there with us, a man and a woman. She is petite and beautiful. She edges behind me to join the man. I'm standing in front of the armchairs; as she passes, our hands touch. Is this happening during the audience? At the first touch I lightly hold her hand, for a moment it seems that she wants to pull her hand away, then she presses it against mine, it's a beautiful dry warm hand with long fingers. Her hand clings to mine, she puts it on her thigh, at first lightly, then adding pressure, I feel her body more and more, her thigh, I can see her face now, smiling with pleasure. I know, I can see, that with her other hand she is holding on to her Japanese man. She is pregnant. Then the Japanese man disappears.

She bends over my penis, at first she touches it only with her breath, for a long time, as if she were hesitating, then she takes it in her mouth. I watch the whole scene from above. I am amazed that the "penis is silky". It hardens in her mouth, I feel a tenderness which becomes more and more tender…

When I awake, I look for her, I cannot understand nor can I reconcile myself to the fact that she has disappeared. It makes me immensely sad.

JAPONEC SE VRÁTIL

Japonec se přece jenom vrátil. Ale ještě před tím, než se vrátil, ona, když se ode mne maličko vzdálí, říká mi omluvně: "To není škola." Snažím se tomu porozumět: znamená to, že se omlouvá za neškolenost v lásce a že to tedy možná nebylo úplně dokonalé? Jak jinak tomu rozumět, je přece jasné, že nejsme ve škole. Teprve teď se objevuje Japonec, ona hned k němu, je šťastná a chce ho líbat, zdá se mi to trochu nepatřičné, pozoruji její vlhká ústa. Ona mu *šťastně* oznamuje, co se právě stalo. On je zděšen. S hrůzou se ptá: "A bude macha?", což znamená svatební koláč a vlastně svatbu. Ona, že samozřejmě ano. Japonec se rozpláče, líbají se, cítím slzy také na své tváři, jen si nejsem jist, jsou-li to moje slzy. Když mě Japonec zblízka míjí, čtu v jeho obličeji bolest a nenávist, a to, že se na mě nevrhne, si vysvětluju jen tím, že si myslí, že také pláču. Odcházejí, Japonka se tváří šťastně. Ona, jak se zdá, je pořád upřímně šťastná. Ještě jednou se vrací, sama, usmívá se, líbá mě láskyplně, s velikou něhou a zase odchází. Teď už vím, že je to tak napořád, že se bude vracet a odcházet.

V HORNÍ VSI

Byla dvě slunce
tenkrát navečer.
„Zdálo se mi," řekla,
„jak stojím na zápraží
a maminka
mě volá na zahradu,
že jsou dvě slunce na obloze.
A já jí povídám,
jak je to divné,
že se mi už zdálo,
jak spolu stojíme
právě na tomto místě
a nad obzorem
dvě slunce jako matnicí
prosvítají".

THE JAPANESE MAN HAS COME BACK

The Japanese man has come back after all. But before he came
back, she said to me apologetically, after stepping slightly aside: "It is
not school". I am trying to understand this: does it mean that she is
apologizing for her lack of schooling in love, that it perhaps wasn't
completely perfect? How else can it be understood? It is obvious that
we are not at school. Only now the Japanese man appears and she
says to him at once she is happy, she wants to kiss him. I find it rather
indecorous, watching her wet lips. She happily tells him what has just
happened. He is terrified. He asks with dread: "And is there going to
be a makha?" which means a wedding cake, and even a wedding.
She says yes of course. The Japanese man starts to cry, they are
kissing. I feel tears on my cheeks too, only I am not sure whether
they are my tears. When the Japanese man is passing near by me I
see sorrow and hatred on his face, and my only explanation for his
not leaping on me is that he thinks I am crying as well. They are
leaving; the Japanese woman has a happy face. She is, it seems,
always sincerely happy. She comes back, once more, alone; she is
smiling, kissing me affectionately with great tenderness, and she leaves
again. Now I know that it will always be like this, that she will keep
coming back and leaving.

IN HORNÍ VES

There were two suns
towards evening then.
"I dreamt," she said,
"that I am standing in the doorway
and Mum is calling me out to the garden,
that there are two suns in the sky.
And I tell her
how strange it is,
that I have already dreamt,
that we are standing together
on the very spot
and above the horizon
two suns, as if through a filter,
are showing through."

A my tam stáli,
živí, skuteční,
tenkráte navečer,
kdy nad Vrchem
dvě matná podzimní
zapadala slunce.

A jednou v noci
někdo tlouk.
Jdu otevřít
a ve vratech
maminka – třicet roků mrtvá.
Já měla radost ze shledání,
ale: „Proboha maminko,
jakpak vy víte,
kam jsem se přivdala?
A víte, J. že zemřel?“
„Děvenko, já vím všechno…“
Vtom ale
jsem se probudila,
jak někdo zatlouk
na vrata.
A otevřít
jsem nešla.

Zas bylo to v noci.
Vyšla jsem na zápraží.
Má mrtvá sestra,
bílá, stála na dvoře.
„Co ty tu?“ řku.
A ona: „Dnes
J. hlídá hřbitov…“
A tu zřím,
kterak snad lidské maso z úst…
Bůh ví,
co se tam dálo…

Cestou od Počátek
vracela jsem se za tmy domů.
Věděla jsem,
že všichni dávno zemřeli,
a přece, ta radost!,

And we were standing there,
living, real,
when, towards the evening,
above Vrch
two dim autumn
suns were setting.

And once at night
someone was banging on the gate.
I go to open it
and there at the gate was
my mother – dead for thirty years.
The meeting made me happy,
but: "How on earth, Mum,
can you know what family I married into?
And do you know
that J. has died?"
"My little girl, I know everything…"
But at that point
I woke up
because someone had banged
on the gate.
But I didn't go
to open it.

It was night again.
I walked out of the house.
My dead sister,
white, was standing in the yard.
"What are you doing here?" I say.
And she: "Today,
J. is guarding the graveyard…"
And suddenly I see
human flesh, perhaps, in her mouth…
God knows
what was going on there…

Along the road from Počátky
I was going home in the dark.
I knew
that everyone had died long before,
and yet, what joy!,

doma se svítilo.
Rozeběhla jsem se
jako šílená.
V kuchyni za stolem
seděl tatínek,
ale on na mě
hleděl *vyčítavě*.

Před Cerekví
ještě u rybníka
bývala a je tam
kovárna.
My s tatínkem
chodívali jsme kolem.
Ten rok
chodilo se tudy
naposled.
Pak rybník přeťali
novou cestou.
Před kovárnou
kovali koně.
Často a dlouho
stávali jsme tam.
Vloni v létě
zase jsem tudy šel.
Ta cesta pokamenila jaksi
i zarostla.
A kámen
zčernal na ní.
Větvička suchá
praskla mi pod nohou.
Bože, já nepíšu básně,
já pláču.

the lights were on at home.
I started running
like a woman possessed.
At the kitchen table
my father was sitting,
but he was
looking at me reproachfully.

On the road to Cerekev,
by the pond,
there used to be – still is –
a forge.
Me and my Dad
used to pass it.
That year
was the last time
you could walk past it.
Then the pond was cut in two
by a new road.
In front of the forge
horses were shod.
Often we would stand there
for a long time.
Last summer
I went that way again.
The road had somehow grown stony
and overgrown.
And the stones
had turned black.
A dry stick
crackled under my foot.
Oh God! I am not writing poems,
I am crying.

SMRTI MALÉ

Smrti malé
v mrtvolkách ptáků přebývají.
Ozvěnou křídel
nám do spánků bijí.
Nakonec zelená voda
na všechno padá.
Pes do dveří
tiše se vkrádá…

SNÍH

Sníh.
Zvěř na kost vyhublá,
tlamičky trním zraňované,
tak bílý čas,
jako by andělé
(snad někdy plamen?)
shořeli na popel.

Krajina z barev vyhořelá.
Pláč v očích ledu vyhaslý.
Tělíčka dětí ochořelá,
rubášky z bílé mhly.

* * *

Po tatínkově smrti se mi zdál sen:
jsem sám doma, zazvoní zvonek,
jdu otevřít.
Za dveřmi na chodbě stojí tatínek,
v zimníku, s kloboukem na hlavě,
mírně se usmívá a už už jako by vcházel.
Ale zeptá se,
jestli je maminka doma.
Ta otázka byla jako provaz
okolo krku se stahující

LITTLE DEATHS

Little deaths
dwell in birds' light corpses.
With the echo of their wings
they beat against our temples.
In the end green water
rains down on all.
A dog quietly slinks
in by the door…

SNOW

Snow.
Animals starved to the bone,
small mouths torn by thorn-trees,
a time so white,
it's as if angels
(once aflame perhaps?)
have burnt to ashes.

All colour burnt from the landscape.
Tears quenched in eyes of ice.
Ailing small bodies of children,
tiny shrouds of white mist.

* * *

After my Dad died, I had a dream:
I am at home alone, the bell rings,
I go to open the door.
Dad is standing there,
in his winter-coat, hat on,
smiling ever so slightly, about to enter.
But then he asks whether Mum is at home.
That question is like a noose
tightening around my neck

a sráz…
Tatínek zesmutněl,
znaje už odpověd',
a moje zoufalství,
to nelze vypovědět.
Maminka doma nebyla.
Jindy přece pořád je doma,
ted' právě na malou chviličku odběhla,
vrátí se hned…
Ta její osudová nepřítomnost znamenala,
že tatínek nikdy
už nepřijde.

KDYŽ PRŠÍ

Když prší,
rybník
jako by se z neštovic
právě vystonal.
Dole pod hrází
s deštěm mlaskají tloušti.
Posléze
se dívkám měsíc zjevuje,
jenž všecek tíhne
na panenskou slámu.
A v kolínkách
jak něžně praská sláma!
Dole pod hrází
vyplouvají ale
bílá těla
utonulých žen.

a precipice…
Dad grew sad,
he knew the answer,
and I can't describe my anguish.
Mum was not home.
She was always there,
but had just this once popped out for a little while,
and she'd be back in no time…
But her fateful absence meant that Dad
was never going to
come back again.

WHEN IT IS RAINING

When it is raining,
the pond looks
as if it is just convalescing
from smallpox.
Below, under the dam,
the chubb are gorging on the rain.
Later
the moon reveals itself to girls,
pressing its attentions on
the chaste straw.
And in its little knuckles
how tenderly the straw crackles!
But beneath the dam
appear
the white bodies
of drowned women.

* * *

Měl jsem přejít most. Most to byl železný, úzký tak pro jednu osobu a dlouhý, velmi dlouhý. Pod mostem nízko stála řeka, ale nebylo důležité, že byla nehybná, ani to, že byla temná, nebylo důležité. Šlo o to, že jsem se uprostřed toho mostu zastavil. Ani vlastně nezastavil, nýbrž byl jsem uprostřed mostu, za sebou už jsem měl polovinu cesty, ale neměl jsem na tu cestu žádnou vzpomínku, jen jsem věděl, že mám polovinu mostu za sebou. Teď tu sedím a vím, že musím dojít až na konec, ale jsem nehybný. Musím se přece zvednout a jít, ale nejdu, ačkoli nevím o žádné překážce nebo hrozbě, nepokračuju. Pomalu se sesouvám, nohy mě táhnou dolů, jestli se nezvednu a nepůjdu dál, nakonec sklouznu dolů do vody; ale neděsí mě to. A zase: vždyť musím přece dojít až na konec… A sedím dál.

* * *

V noci vidím z postele na horizontu světla vzdáleného Žižkova, pod žižkovským vrchem, pár kroků od nemocnice, libeňský hřbitov, zarostlý vysokým stromovím. Jako by se tam svítilo na hrobech. Ale jsou to jen světla z toho vzdáleného protějšího vrchu, která tu a tam pronikají větvemi stromů, objevují se a zase mizí, jak větvemi provívá vítr. Klam. Na hřbitově nesvítí ani svíčička. V kterých místech tam asi leží Hlaváčkův hrob?

* * *

Smělé oblouky nad očima,
nádherné rudé loďky úst…
Nadejde zima, přejde zima
a ledy strhnou most…

* * *

I was supposed to cross a bridge. It was an iron bridge, narrow for a single person and long, very long. Under the bridge, the river was stationary, but it was not important that it wasn't flowing, nor did it matter that it was dark. The thing was that I had stopped in the middle of the bridge. Not stopped, exactly, but I was in the middle of the bridge with half of the journey already behind me, but I had no memory of that journey: I only knew I had half of the journey behind me. Now I am sitting here, and I know I have to go on to the end, but I am not moving. It is clear to me I must stand up and go on, but I'm not doing it; though I am not aware of any obstacle or danger, I am not proceeding. I am slowly slipping down, my legs are dragging, and if I don't stand up and go on, I will slide down into the water; but that doesn't bother me. And again: I know I have to get to the end... And I just keep sitting there.

* * *

At night, from my bed, I see the distant lights of Žižkov on the horizon, under the Žižkov Hill, not far from the hospital, the Libeň Cemetery, overgrown with tall trees. It looks as if there are lights on the graves. But they are just lights from the remote hill opposite, flickering through the branches here and there, appearing and disappearing, as the wind blows through the trees. An illusion. There is not a single candle burning in the cemetery. Where is Hlaváček's grave there, I wonder?

* * *

Daring arches over the eyes,
marvellous red boats of lips...
The winter will come, the winter will pass...
and ice will sweep away the bridge...

* * *

Čínští básníci,
ti staří čínští básníci,
opíjejí se a dívají se vzhůru,
kde divoké husy táhnou
za sebou smutek podzimu.
Nebo hledí
na hladinu vody,
na vlastní obraz v ní
a malují verše
o švestkové snítce v květu.

Ach, tihle staří
čínští básmníci, kteří
z opilosti destilují poésii stáří.

SEN

Jdu s někým po nádvoří obrovského komplexu budov a tomu někomu
říkám: „Bydlím na rozhraní vnějšího a vnitřního." Hned vím, že to není
přesné a opravuju se: „Dřív jsem bydlel na okraji vnitřního," a
odvolávám se tím na jakousi naši společnou zkušenost. Měl jsem přece
byt s okny do úzké uličky v domě, který byl „na konci". Protější domy
už byly „vně". Bylo to v tom bytě pusté. Teď bydlím ve stejně pusté
prostoře, ale je to uvnitř. Všechno je pro mě nové, i ten původní i ten
nový byt, je to nové tak, že teprve v této chvíli se s tím vším poprvé
seznamuju, i s tím, co leží v mé minulosti, to jes t i s bytem, v kterém
jsem bydel dřív.
    Potom jsem ve vlaku s Jarmilou. (*Jak* jsem se octl tak náhle s
Jarmilou ve vlaku, sen nedal najevo. Není ani jisté, že to bylo *potom*.)
Sedíme vedle sebe v kupé starého vozu s dřevěnými lavicemi. Jarmila
má výrazné, černě nalíčené oči. Pohodlně se rozvaluje po sedadle,
říká: „Manžel mi schválil, že se s tebou stýkám. Chápe, že mi to může
být prospěšné…" Rozlítilo mě to. Zuřím. Jarmila už není ve vlaku, je
za oknem a má docela jinou tvář, ne už sebevědomou, teď je to
bezradná, ztracená tvář. Hleděl jsem na ni, jako bych ji teprve nyní
poznával, zmocňovala se mě něha a lítost, při probuzení jsem plakal.

* * *

Chinese poets,
those old Chinese poets,
they get drunk and peer heavenwards
where migrating geese tow
the sadness of autumn in their trail.
Or they gaze at the water's surface
at their own reflections
and paint verses
about a plum twig in bloom.

Oh! Those old
Chinese poets who
distil from drunkenness the poetry of age.

A DREAM

I am walking with someone across the courtyard of a vast complex of buildings, and I am saying to them: "I live on the boundary of the outside and the inside." I recognize immediately that this is not quite right and I start correcting myself: "Before that, I lived on the boundary of the inside", by which I suppose I am referring to our shared experience. I had, after all, an apartment with windows onto a narrow road, in the house at the very end. The houses opposite were therefore already "outside". I was lonely in that apartment. Now I am living in an equally lonely place, but at least it is inside. Everything is new to me, the old apartment as well as the new one. It is so new that only now am I becoming familiar with it all for the first time – even with things way back in the past like the apartment I used to live in.

And then I am on a train with Jarmila. (*How* I came so suddenly to be on a train with Jarmila the dream did not explain. It is not even certain that it was *later*.) We are sitting next to each other in a compartment of an old carriage with wooden benches. Jarmila's distinctive eyes are made up with black eye-shadow. She is sprawling luxuriously on the seat saying: "My husband approves of my relationship with you. He understands that it can be of benefit to me…" This has enraged me. I am furious. Jarmila is no longer on the train, she is outside the window and her face is completely different; it is not self-assured any more, but is a helpless, lost face. I was looking at her as if I was only now getting to know her. Tenderness and pity were overwhelming me; when I woke up I was crying.

Z DOPISU

Byl jsem u zubaře, vytrhl mi zas jeden zub a já jsem utrmácený, ne
tolik z toho cloumání dásněmi a hlavou, spíš z toho ubývání. Posledně
se mi po vytržení zubu trochu odchlípla dáseň a já jsem viděl svou
kost, svou smrt. Kost byla úplně bílá, jako bývají tyhle kosti bílé, to
známe, kostí je všude jako naseto, čelist í zvlášť. Je to podivné uvidět
na chvíli na sobě něco, co bývá vidět, až když už je dávno po očích.

HRŮZ KOLEM

Hrůz kolem jako zapálených
svic na kvetoucí louce.
Zvedne se z trávy žena
a z bílých ňader dým
a v očích něco zeleného,
co narostlo,
nebo jestli to padá
jako zelená voda.

Zdálky sem doutná
hudba pohřební.
Pár koní.
Až tam za půlnoc,
když zařehtají koně
a z hřív jim padá prach
a z břich
útroby hrnou…
A potom
někdo se sekyrou
jde blíž
a pak,
jak vzrůstá k ráně,
splyne s oblohou.

FROM A LETTER

I was at the dentist's, he pulled out yet another tooth and I feel worn out, not so much from the rough handling of my gums and the yanking of my head but from this wasting away. Last time he pulled out a tooth, the gum loosened a little and I saw my bone, my death. The bone was completely white, the way bones are, we know that, there are heaps of bones scattered around, especially jaw bones. It's strange to see a part of yourself that's usually visible only when the eyes themselves have gone.

HORRORS ALL AROUND

Horrors all around like burning
candles on a meadow full of flowers.
A woman gets up from the grass,
smoke rising from her white breasts,
in her eyes something green
that has grown
or is it falling
like green water.

Funeral music
smouldering from afar.
A pair of horses.
There, beyond midnight,
when horses neigh,
dust falling from their manes,
guts spilling
from their bellies…
And then
someone with an axe
coming closer,
and then,
rising to deal a blow,
he merges with the sky.

PETR BORKOVEC

PHOTO: MARTIN SPELDA

PETR BORKOVEC was born in 1970. A prize-winning author of six collections of poetry and a translator, he is the editor of *Rukopis* (Manuscript), a journal of writing and translation, and the contributing editor of the cultural journal *Souvislosti* (Connections). His poems have been translated into many languages, including selected poems in Italian and collections *Polní práce* (Field Work) and *Needlebook*, a book of essays and a book of short texts in German. Borkovec has translated Russian twentieth-century poetry and has collaborated on translations of contemporary Hungarian poetry, classical Korean poetry and the classical Greek dramas *Oedipus Rex* and *Oresteia*. His selected poems came out in 2006 and will be published in an English translation by the poet Justin Quinn in 2008 by Seren, under the title *From the Interior.*

HYACINT

Šedivý taft, stuha běžných dní
mírně se modrá vánočními svátky.
V trojdílném okně, v bílé mříži,
v odlitku nebe, v kusovitém sněhu

hyacint vyplázl květ. Hlíza –
karmínový skarab, vetchý, vyhnilý.
Kly kořínků kolem – náramek
na jásavě zeleném svalu. Jak had

dávící fialové zvíře.
Dávící měňavou myš, rybu, ptáka,
jenž otevřel peří k voskové kůži.
Ticho zmlklo, kusovitý sníh

vyplňující záhyb stuhy.
Žádný rytmus, tlak, žádný prudký motiv.
Jen zelená hněď vlastních očí,
tolikrát zkoumaná, tak známá.

SOCHA

Celý den déšť a vítr celý den
obchází přetopený byt. Nic na práci.
Jak sousta v ústech v očích převracet
knihy v knihovnách, mapy vlhkých stěn.
Mít v práci nic a jeho jemný sloh.
Poodchlíplé mramorové poupě
ve vlnách naskrz promáčených ploch
trávníků. Déšť. Potopa se koupe.

Celý den déšť. Pláž, les i postava,
dům, výplně dveří, parapety
jsou v práci přesných, pravidelných dlát.
Z deště je hlas, co za zdí nadává.
A voda stéká z opálených zad,
v písku leží květované šaty.

HYACINTH

Taffeta, grey ribbon of days
goes gently blue at Christmas.
In a three-part window, white bars,
in the cast of the sky and bits of snow,

the hyacinth blooms forth – its tuber
a dingy crimson scarab, hollow.
The tusks of roots about – bracelet
on a bright green muscle. Like a snake

devouring some purple creature,
an iridescent fish or mouse, some bird
whose plumage turns to waxen skin.
Silence silent, bits of snow

filling out the folds of ribbon.
No rhythm or pressure, no strong motif.
Only the green-brown of those eyes,
searched so much, so known.

STATUE

All day rain and wind all day
around the overheated flat. No work.
Going over bookshelves and the patterned murk
of damp across the walls again and again.
To work at nothing and its bland contours.
A marble bud floats free across the shoals
and waves of lawns in floods and floods of tears…
And still the rain. The deluge basks and rolls.

All day rain. A shore, some woods, a figure…
the house, the inlaid door and parapets
all worked with accurate steady chisels.
The rain beyond the wall complains and frets.
And sun-bronzed backs run wet beneath the drizzle.
In the sand, there lies a dress with floral patterns.

* * *

Vstali jsme, v září, dům už vrhal stín,
suchý hlas z rádia a prach,
slunce na chromované pelesti,
sahalas po cigaretách.
Schodišti pod námi se ještě zdály sny,
závěs už procitl a z konzoly se řinul,
prázdný dřez byl jako stříbrné poprsí
a vteřinovku vždy jen o vlas minul
stisk teplé, vlhké dlaně. Čas téměř stál.
I všechny věci stály. Slunci z pelesti
nechtělo se výš. Nikdo nic nepamatoval.
Zapomněl obraz, skoba, zapomněly zdi.
Pozoroval jsem kouř tvé cigarety,
přebaly knih na nočním stolku, květy,
ryby, ptáky na odkopnuté dece –
stékali, pluli, slétali se do koberce,
kde vychládali v modrou geometrii.
Prach sedal na stůl, skříň, na árii.
Barevný čtverec v okně nikam nesměřoval,
plány si nedělal stín pod stromy,
a ručník, co se u postele povaloval,
měl stejnou historii jako my.

* * *

Co děláme? Zabýváme se prostorem,
mlčíme – mrtvé necháváme spát.
Řežeme stromy, ohrazujem kompost,
chycené myši vyklápíme z pastí.
Večeři nosíme si do zahrady,
do pokoje si odnášíme chvojí.
Žluté ho navracíme zahradnímu ohni,
sladký kouř se nám válí v šatnících.
Vpodvečer z okna pozorujem zeď,
mluvíme tak, že mrtvé nebudíme.
Mezi nábytkem se spolu milujeme
těly, jež *nejsou opak prostoru.*

* * *

We rose. September. Long house shadow.
Dust everywhere, the radio's drone.
Sun on the bedframe's chrome.
You reached for your cigarettes.
The stairwell dreaming still beneath us,
the curtains slowly stirring, flowing down.
The empty sink was like a silver bust
and the seconds always flowing and flown
past warmth, its touch. Time at a standstill,
and everything unmoored from its role –
the sunlight on the bed-frame stalled,
the hook, the picture on the wall.
I saw your cigarette's fresh smoke,
the books beside us in a stack,
and the duvet's fish and fowl and flowers
all slipped and slid down to the floor
where they cooled in blue geometry.
Dust on the wardrobe, dust on the aria.
The window's coloured block going nowhere.
Outside, no plans were hatched in shadows,
and the towel, lying idle by the chair,
had the same history as us.

* * *

We do what? We are involved in space,
are silent, we let the dead sleep on.
We cut down trees, fence off compost,
pry open traps in which mice have come to grief.
Evenings, we take our dinner out to the garden,
bring brushwood back into the room.
We return it yellowed to the bonfire,
its sweet smoke billowing through our wardrobes.
In the twilight we look out at the wall
and speak so as not to wake the dead.
Amidst the furniture we make love
with bodies, which *are not the opposite of space.*

POKOJ

Okna jsou zotvíraná do záclon,
kyvadlo pendlovek, úzkých, tmavohnědých,
stojí, zlaté, pod zaprášeným sklem;
nalevo kamna, čaloun na křeslech
je červený, i přehoz, a i stůl
Poslední večeře, co nad postelí visí;
porcelán v skleníku je plný starých rtěnek
a klubko růženců se hřeje na dně mísy.

Na obraze jsou jarní Blaníky, a rybář
v stínu neví nic o dívce se psem
blížící se k lávce; skříň, na skříni hlava,
příčesky, prach, sponky; televize,
pod kterou krajka sotva dýchá, odráží
venkovskou cestu, slunce, vížku kostela –
na gagátové, mastné obrazovce
má tohle všechno barvu popela.

GAUČ

Když jsem se dozvěděla, že Jiří umřel
(z Karlových Varů přišly dva telegramy,
jeden, že nežije, druhý, že je po pitvě),
nevím jak, sedla jsem si v pokoji na křeslo
a zírala na gauč před sebou a viděla,
že je modrý, viděla, že je *evidentně modrý,*
a pro sebe si opakovala: Je modrý,
modrý, to přece každý vidí –
neboť ode dne, kdy jsme ho přivezli,
o jeho barvě jsme se nikdy nedohodli,
Jiří vždycky mluvil o zvláštní zelené.
Seděla jsem jako hloupá v pokoji
a říkala si dokola: jak jsi mohl být tak slepý,
vždyť ten gauč je *modrý jako modř,*
to jsi neměl, to jsi tedy neměl,
říkat mi, že je zelený. Pak jsem s hrůzou
uslyšela sama sebe, a jako bych se byla probudila,
dala jsem se do strašného pláče.

ROOM

The window opens back against the curtains.
The narrow pendulum is at a standstill,
dark brown with gold behind undusted glass.
On the left, a stove. Upholstery on the chairs
is red, as is the quilt, as is the table
in the Last Supper, which hangs above the bed.
Old lipstick fills the dishes in the case,
in one a rosary is coiled in its own heat.

A picture shows the Blaníks in the spring:
a shaded angler can't see the girl and dog
nearing the foot-bridge. A cupboard, a head on it,
hair-pieces, dust and clips. The television
with lacework almost breathing underneath
reflects a country road, the glint and flash
of sunlight and a spire. On the smeared black screen
all this takes on the colouring of ash.

COUCH

When I heard that George had died
(two telegrams came from Karlovy Vary,
the first that he had passed, and then the autopsy)
I don't know how, I sat down in the armchair
and stared at the couch in front of me and saw
that it was blue, I saw that it was *clearly blue*,
and repeated to myself: it's blue.
Blue. Anyone could see that.
Because from the day we brought it home
we could never agree about its colour.
George always talked of a particular green.
I sat there like fool in that room
saying that couch is *blue as blue can be*.
Oh you should never, never have said
to me that it was green. Then with horror
I heard myself, and as though I had awoken
I suddenly broke into tears and couldn't stop.

RAJČATA

Říkala, že se propadl hrob.
To musela prasknout ta rakev, řekla.
Řekla, že pět koleček písku bylo málo.
Ale vlastně řekla – ty nevidíš, že klesl hrob,
nejsi tady, abys řekl, to ta rakev.
Nezasypal jsi to.

Přivezla jsem ti naše rajský, řekla,
chutnají úplně jinak.
Ale vlastně řekla to své – nevíš, kudy domů.
Chutnáš jinak, řekla.

Rovnal jsem těch šestnáct výčitek, znamení, svědků
na meziokní nad sklepními schody,
s jednou nohou ve vzduchu
bral splasklé a vypoulené skvrny.

Pokládal je, zelenobílá rajčata
s bledě červenými klíny, plná kazů,
v závanech tělové teploty
a dbal, pomalý, lehký a pečlivý,
aby se nedotýkala a abych každé
zvedl a pustil alespoň dvakrát.

MEHWA

Tvé dopisy jsou tenké jako plátky
hrušňových květů, které třikrát
oderval vítr. Když rozhlížím se po svém pokoji,
marně k nim hledám vhodný příměr.
To, co mi píšeš, není podobné
ničemu z toho, co mám na očích.
Čím krásnější, tím tišší jsou tvé řádky,
jako by dálka s krásou měly stejnou tvář.
A tak tvé listy, jeden na druhém,
svazuji zbytkem zeleného hedvábí
a vkládám do truhlice vedle jiných věcí.
Ráda si prohlížím tu skříňku se slovy!
Cos odešel, i nit plynoucí látkou

TOMATOES

She was saying the grave caved in.
The coffin must have collapsed, she said.
She said five barrows of sand weren't enough.
But in fact she said, you haven't seen the sunken grave.
You're not here. You can't say, this grave, this here.
You didn't fill it in.

I brought you some of our tomatoes, she said,
they taste completely different.
But in fact she said, you don't know where's your home.
You taste different, she said.

I lined those sixteen reproaches, those witnesses,
along the sill half way down the cellar stairs.
With one leg in the air
I held the flaccid, bulging stains.

I placed those pale green tomatoes,
gradually reddening at the stem, full of rot,
in drafts of body temperature,
taking pains – slowly, gently, carefully –
that no one touched another and lifting each
to drop it on the ground, at least twice.

MEHWA

Your letters fall like fine flakes
of pear blossom severed by the wind
three times. When I survey my room
I fail to find its right compare.
All that you write is like
nothing that is here before my eyes.
As they are fairer, your lines grow still more silent
as though the forms of distance and of beauty
were the same. And so your pages, each on each
I tie up with the leavings of green silk
and store with other things inside a coffer.
How I enjoy going through that box of words!
Since you left, your steps are silenced

dovede přehlušit tvé kroky, v něž tak doufám.
Šiju jen v noci. Ke psaní si sedám,
když tma se v hloubce shodne s bezvětřím.
Stínítko lampy uhladím a sklopím,
rozetřu inkoust. Papír na stole
je bělejší než líčidlo
na mojí tváři. I tohle patří k psaní!
Vždyť vím… Tak tedy aspoň stín
papíru, pera, písmen, rukávu,
jenž šustí, hlavy, co se sklání
nad naší dálkou! Ať tedy aspoň stín
ruky, co klade písmo na papír,
v pestrého motýla se změní
a k záhybu tvých šatů dolétne.
Anebo ve vážku! V déšť, štěkot, jiný stín,
v cokoli, je tak pozdě!

ROZEPSÁNO V DEN SMRTI

Oni se vracejí pro nás, k hromadám našich výdechů,
které se každou noc nachrlí stranou pelesti.

Mezi pootevřenými ústy jim blýská studené sklíčko,
v šatech ušitých na míru čirému dechu

zhášejí svíci a zavírají okno, oběma rukama
dočista uhlazují naše sípající látky.

by a thread of flowing fabric.
I only stitch at night. To writing I sit down
when darkness fitly meets with windlessness
in the deep. I smoothe and tilt the lampshade
and spread the ink. The paper on the table
is whiter than my face's white foundation
And even this is part of writing!
Do I not know… Or at least the shade
of paper, pen, each letter and the sleeve
that rustles, the head that bends
over our distance! Let at least the shade
of this hand placing letters on this paper
become a particoloured butterfly that folds
at last into the pleats and doublings of your clothes.
Or into a dragonfly! Or rain or cries or another shade,
or anything at all – it is now so late!

NATURAL CAUSES

They are returning for us, to the crowds of our exhaling,
which each night billow forth about the bed-frame.

Between half-open mouths they have a cold glass glittering;
in robes cut to a T around sheer breath

they put out candles, close the window, and with both hands
smooth out our wheezing fabrics completely.

* * *

Od lampy k lampě světlo vrávorá,
sny o černi má step uprostřed města.
Stan cirkusu, jak chodíš dokola,
má tolik metafor, že žádná se ti nezdá.

A v písku vidíš, čím vším nežiješ.
A ve vzduchu, co všechno nepromeníš.
Od plachty k plachtě pod šapitó jde
napnuté lano včerejšího představení.

Ne, ničím podobný ti není
akrobat, který spí. O svém sní karavan.
Písmo a step sní o svých černích.
Vztekle, jak pes, sní o své misce únava.

A. F.

Líp, vidíš, dovedu popsat
parádní pokoj, ledový i v létě,

kam jsi mě nikdy nevodila,
kam jsem vklouzl dvakrát, možná třikrát,

než kuchyň, kde jsme vždycky seděli,
kuchyňské kanape, na kterém –

jak jsem si tolikrát představoval –
tě oknem ze dvora

uvidím ležet mrtvou. I v paměti
je u zdi prázdné místo,

zakryté flanelovou zástěrou.
Ale proč se mi pokaždé vybaví

skupina modřínů na konci zahrady,
u plotu, na kraji stráně,

* * *

From lamp to lamp, the light sways back and forth.
A steppe inside the city dreams of blackness.
In circles round you go. The big top casts
so many metaphors not one's a likeness.

And in the sand you see all that's beyond you.
And in the air, what your words won't transform.
From flap to flap beneath the circus tent
the taut rope goes from yesterday's performance.

And no, the sleeping acrobat resembles you
in nothing. The caravan dreams in kohl.
Letter and steppe dream of their blackness.
Angrily, like a dog, fatigue dreams of its bowl.

A. F.

The good room, icy in the summer even,
I can describe much better as you see

(where you would never bring me,
where I slipped in twice, or maybe three times)

much better than the kitchen where we'd sit,
the kitchen sofa, on which –

as I so many times imagined it –
I'd see you through the window from the yard

lying dead. Even in memory
the place by the wall is empty,

a flannel apron covering it.
But why each time do I recall

the group of larches down the garden,
by the fence, at the foot of the hill,

těch pět šest řídkých stromů,
překážejících jeden druhému,

a suché větve, kůra a jehličí
v kruhu pod nimi?

MRÁZ

Krok přichází o svůj zvuk a chodec
spolu se zámkem odmyká kolena a lokty.

Předtím si ještě stáhne svět, až ke škrtnutí
péřové bundy o roh domu, nároží zahrady,

a myslí na ústa, co mluví, ačkoli se nehýbají,
a na ústa, co mlčí, přičemž mění tvar. Pak spí.

Plochy kopců odněkud už odrážejí
zítřejší první sníh; odtažitě, skoro štítivě.

Lampa dýchá do zaťatých pěstí
porcelánových pojistek; a taktak

stačí osvítit ten obraz péče v páře.
Chodník se slabě leskne, nejspíš vlastní silou,

vypnutý jak čerstvá, plná chlupů, zaschlá kožka.
Voda potoka místy podlézá led,

co objevil sám sebe teprv před minutou;
shora to vypadá jako srst dalmatina.

Po zavírací hodině je za přepážkou výdejny
útulno jako v zakázaném baru.

Ze stromu bez mávání vzlétá hejno
a krátce drží objem řídké koruny.

Pleť schne. Už z temnoty se noří další
motiv, který ale zůstane nedokončený.

those five or six sparse trees,
one in the way of another,

and dry, the branches, bark and needles
in a ring spread out beneath them?

FROST

Sound has fled from footfalls. If you walk out
you have to unlock leg-joints with the latch.

The world shrinks, so much so that the corners cut
around the houses catch a jacket's padding.

Thinks of a mouth that talks without a movement,
a mouth that's still though changes shape. Then sleeps.

The coming snows, like some outsize abstraction,
already give off light across the hills.

A lamp exhales into the clenched fists
of porcelain fuses, and just about

lights up a scene that's fogged with loving kindness.
The pavement glimmers with its own weak charge

stretched drying like a skin that's rich with hairs.
And here and there the stream slides under ice

which woke into itself a minute past –
the coat of a dalmation from above.

After hours, behind the ticket counter,
it's warm and friendly as a speakeasy.

Without one beat, a flock drifts from a tree
and briefly keeps the loose shape of a crown.

Skin dries, and from the dark there surfaces
another image, which will though stay unfinished.

* * *

Na polích za městem byl sníh, a není,
a přesto chybí pocit rozuzlení,

chuť, pachuť změny, ani ta ne,
když pozoruješ prázdné pláně,

vzdálené, blízké, jako na dlani.
Nad polní zemí letí havrani

jak černá deska, jak stín vzducholodě,
jak jednotvárné vlečné lodě,

táhnoucí po jediné trase
hladinu, která zavírá se,

říční most a dno, říční ostrov, přívoz,
říční břeh, říční mávající život.

Jak černé kopce navršené hřměním
dálnice, jako vnitrozemské změny

počasí, povrchů a světel
na odpočívadlech a v benzinových světech,

tam, kde si stíny zapínají stín,
a reflektory loví fresky propasti.

Jak pohled, který zavřou lesní zdi,
jako les, který průsek odhodí,

jak průsek, který strhne lesní tma,
jak les, jejž pole odrovná,

tak matní jako hloučky laní v poli,
káně na kraji čehokoli

a oko za sklem obrácené za ní.

* * *

Snow general on outlying fields – gone now.
But still no revelation, nothing new:

an aftertaste of change, if even that,
when you observe the planes – empty, flat –

and hold the very distance in your hand.
The rooks delight and fly above the land,

a black panel, the shadow of an airship,
a string of tugboats uniform in shape

which pulls along the same and single track
the surface, which then coils and closes back,

the river's bridge and bed, the river isle,
the shore, the works and days of river life.

Like black hills crowned with the constant thunder
of a highway, like weather's distant trundle

inland, the shifting brilliancies and planes
at lay-bys and at dirty filling stations,

there where the shadows grade back into murk,
and headlights carve quick frescos from the dark.

Like a gaze blacked out by closing forest walls.
Like the forest broken open by wood trails,

like wood trails which the forest dark then seals,
like the forest razed to leave outlying fields,

as matt as these hinds poised before the sedge,
a beast of prey that stands at something's edge,

and an eye behind glass that turns behind them.

SONAGRAM
Franzi Hammerbacherovi

Drozd z okapu jak
– ještě nabíhající, už osychající –
tučná kapka tuše. Odříznuté
ořechové paroží pružilo v ruce,
a vracelo se na mě z hromady,
jakoby ještě na kmeni,
na vyčítavé hlučné hlavě.
Hledal jsem lebky v kůži listí,
kostech stvolů. Drozd zpíval.

Čety probraly olše u řeky;
skvrny po větvích se houpou
ve větru, blikají, násobí se
v suchém větru. Protibřeh,
vypadá to, provrtává zlatý červ.
Veselé hejno štěpů a kalu
prchá před mrtvým kaprem,
co vzápětí, se zasypaným okem,
vrávorá zasypaným ramenem,

kde hoří větve: v denním ohni
vykvétají jak v botanickém dokumentu,
z plamenů bez dýmu a zvuku
útočí roje popela, pak vypučí žár.

Škeble a keramika
se světle zelenají z hlíny
plné semen. Fábory strak
na nánosech, směsích, sraženinách.
Těžnímu člunu, vytaženému
na hliněnou pláž, i skřípot zarostl rzí;
pás třídičky, prasklý, s péčí chycený
nižšími dílci, si pohrává
s myšlenkou znovu se připnout.

Drozd mezitím zpíval.
Proti soumraku, teď už na štítě.
Ta proměnlivá skvrna, říkal jsem si,
je skoro jako pták, podobá se mu.
Ale sbíhalo se do ní všechno.
A zpěv byl jednotvárný jako rub,

SONOGRAPH
for Franz Hammerbacher

A thrush up on the gutter
– still spreading and already drying out –
like a blot of ink in bold. I flexed
a forking wand of walnut, an antler
still hooked onto a ringing head,
and it came springing back at me
as though still on the tree.
I looked for skulls in all the leaves
and bones of stalks. The thrush sang.

Teams combed the alders near the river.
The stains left after branches tilt
in the wind. They fleck and gather
in the dry wind. A golden worm,
it seems, works through the facing shore.
Small bits of driftwood flock and cloud
along in front of a dead carp,
which in its turn, eye clouded over,
snags in the shoulder of the river

where branches burn: they blossom
like in a documentary, the flames
of fire in daylight with no smoke or sound;
ash swarming up; the glow burgeoning.

Odd shells and old ceramics
turn brightly green amidst the mud
that's full of seeds. Streams of magpies
along the silt and swirls and streaks.
A barge pulled up on to the beach
has rusted into silence;
a thresher's belt, carefully caught
among the lower wheels and cracked,
toys with the thought of starting up again.

The thrush sang all the while.
Against the twilight, now up on the gable.
That metamorphosing stain, I thought,
is almost like a bird – it looks like one.
But everything flowed into it.
And the song was still unchanging.

díval jsem se, jmenující všechno stejně,
poslouchal jsem. Drozd zpíval,
věřil jsem všemu. Zdálo se. Vypadalo to tak.

BOROVICE

1.

Její vršek vláčně vybuchuje,
jakoby za folií, jako by
oheň u paty rozpaloval vzduch;
    za oknem ohně.

Horní patra se vzdávají, vrávorají
naznak, povětří do nich nevráží,
přelévá je a pokládá v svém směru.
Medúza, zelená hvězdice.

    Když se díváš,
i kmen se houpavě rozvírá
a vzduch nad temenem
je rozškrábaný a temný.

    V náporech řídkosti
jiskry sojek pracují na vnitřku.

Poryv přes ni hodil suché listí.

2.

Ráno kapka řeže podél okno,
za tím – někde vzadu, na pevnině –
couvání všemi směry.
Ale ucho slyší každý plán.

Taje. Z jehlic odskakuje sníh;
větev se ustaluje, dlouze, předá
vibrování někam do nižších

I watched. Called everything the same.
I listened. The thrush sang.
I believed it all. What it seemed. How it looked.

PINE

   1.

Its supple top keeps on exploding
as if behind a film, as if
a fire down at its foot inflamed the air;
    flakes of flame.

The higher shelves give up. They waver
backwards. The wind doesn't charge them –
flows over and aligns them.
Medusa, green star-fish.

   If you look at it,
even the trunk is opening up
and the air above the crown
is frayed and shadowy.

   Jays flash and work
inside it, washing to and fro.

A gust threw dry leaves over it.

   2.

This morning, a drop cuts down the window.
Beyond – somewhere in the land –
there's a retreat in all directions.
But the ear is in on every plan.

Thaw. Snow leaps off the needles.
The branch comes to a standstill, slowly,
shifting movement somewhere

anebo vyšších pater. Příliv
černých čar. Pak ho dlouze
zabrzdí už zas tmavnoucí nebe.

Sýkorka se obtiskne, ale neproboří
do sněhové římsy na římse,
která schne, ale neubývá,
jako by nesplnila všechno.

3.

Suchá a krotká nad oblevou,
nábytek větví v pokojovém nasvícení,
    teplá.

4.

Naproti taras borovic, ale hukot
jako by vycházel jen z jedné.
A jiná s křivou patní větví,
tlustou jak kmen, možná tlustší.
Poštolka sbírá sílu k nehybnosti,
tiskne se k hrotu, podobná
odřezku rohovité pokroucené kůže.
V pozadí v bráně pohyb – asi vynášejí
nějakou těžkou věc, skříň nebo postel,
pak se zdá, že vedou nemocného,
někdo se nejspíš zranil nebo omdlel,
nakonec, zdá se, vyvádějí
někoho s želízky, z každé strany dva
anebo tři ho drží za límec a paže.
Je špatně vidět křik a slyšet hukot,
který se drží na jediném tónu.

to lower or to higher shelves. Inflow
of black lines. Then for a long time
it's slowed again by darkening skies.

A great tit leaves its print but doesn't sink
into the ledge of snow upon the ledge,
which dries, but doesn't crumble,
as though it has some promises to keep.

3.

Dry and tame above the thaw.
branch furnishings in room-lighting,
    warm.

4.

A palisade of pines across the way, but clamour
coming as if from only one of them.
Another with a crooked basal branch,
stout as a trunk, maybe stouter.
A kestrel gathers strength to still itself,
pressing on a spike, much like
a sharpened shred of twisted skin.
In the background, at the gate, a movement –
they're carrying out some heavy object, a bed or chest,
but now it seems to be an injured person.
Perhaps someone was hurt or maybe fainted.
In the end, it seems they're leading someone out
in handcuffs, on each side two or three
holding him by the collar and the arms.
It's hard to see the shouts and hear the clamour
which maintains itself on the same and single tone.

PĚŠINA

Zelená dáseň, lesní pěšina
v povlaku mechu a jalového borůvčí,

zastíněná, s hmyzem poletujícím
mezi mžitkami mokrého světla,

mělká a šlachovitá, mizející
v ohybu rentgenového šera.

Stoupala ze změti lesního okraje.
Byla, kdosi to řekl, jako zápěstí

ruky, co drží něco těžkého –
tak romanticky jsme si vyprávěli,

sami tou změtí (otepi kůry, v blátě
otisky řetězu, ukoplý ryzec, lesnické značky, lahve –

samí přátelé). Možná jsme tam už zůstali,
a zvolna se měnili v kapesní nože

anebo šupinaté bedly na mělčině větví,
a viděli (nežli nás našli a sebrali;

to se ví, žádná tragédie) pěšinu
potaženou borůvčím a mechem,

stinnou, s plošticemi obletujícími úzké,
nepokojné a jakoby vlhké průsvity,

jak strmí do zelených mraků.

TRAIL

Green gum, this forest trail
upholstered in moss and barren bilberry;

shady and with airborne insects
between the breakthroughs of blue light;

vague and sinewy, vanishing
in a fold of ultraviolet dusk.

It came out from the tangle at the forest's edge.
It was, as we said, much like the wrist

of a hand that holds some heavy thing –
that was our fancy way of putting things,

ourselves that very tangle (faggots of bark, chains
printed in mud, a battered milkcap, foresters' marks, bottles –

all good friends). Perhaps we had already rooted there
and gradually turned into a pocket knife

or freckled dapperlings down in the shallows,
and saw (before they found and gathered us up –

no great loss) the trail
covered with bilberry and moss

shadowy with shield bugs in flight around
the narrow troubled underwater light,

how it towers up to the green clouds.

PETR HALMAY

PHOTO: AUTHOR'S ARCHIVE

PETR HALMAY was born in 1958 in Prague and has worked as teacher, warehouse and petrol station worker, journalist and theatre technician. He has published two poetry collections *Strašná záře* (Terrible Radiance), 1991 and *Bytost* (A Being), 1994 and a collection of poems and prose texts *Hluk* (Noise), 1997. The poems in this anthology come from his latest collection, *Koncová světla* (Rear Lights), published in 2004.

ŘEKA JE NA DOHLED
báseň o matce

1.

Kdysi to mohla být
snad záležitost s otevřeným koncem…

Lampy jak plody
se zvolna pohupují venku na ulici,
za stolem matka píše sestře dopis
v rodné maďarštině.

V bytě je dusno.

Hlubokým tichem červencové noci
se nese šustot plnicího pera
anebo slabé zapraskání vlasů
pod dotekem ruky.

2.

Vycházím na ulici.

Německé turistky se smějí na nároží
silným, hrdelním smíchem.

Karoserie aut jak zbytky trilobitů…

Tady teď ulici křižuje hlavní třída.

Troleje visí jako pavučina,
majáček taxíku
proplouvá osiřele mezi stanicemi…

3.

Když jsem byl kluk,
chodila v létě někdy po městě bosá.
O Maďarsku se skoro nezmínila…

THE RIVER IS IN SIGHT
  a poem about my mother

  1.

Once upon a time it could have been
an open-ended story...

Street lamps swaying
outside like fruit,
at the table,
mother is writing a letter to her sister
in their native Hungarian.

The apartment is stuffy.

The rustle of the pen
sounds through the deep silence of a July night,
or the soft crackle of hair
touched by a hand.

  2.

I come out into the street.

On the corner, a group of German women
tourists, laughing loud, guttural laughs.

Car bonnets, like fragments of trilobites...

The main road now crosses the street here.

Trolley lines hanging like cobwebs,
the beacon of a taxi
gliding desolate between tram stops...

  3.

When I was a boy,
she would sometimes walk around town barefoot
and almost never mentioned Hungary...

Jen zřídka vešla ke mně do pokoje.
Stále se po večerech něčím zabývala:
byla v té době ještě velmi hezká –
neroztříštitelný zjev…

A pak ta její řeč!

Je právě tohle moje dědictví?!

Řeka je na dohled.
Kameny navigace jako lidské hlavy.
A někde daleko uprostřed Holešovic
začíná matka s psaním další stránky…

PAPRSEK

Odejít po špičkách (tak trochu nazapřenou)
po starých parketách okolo sekretáře,
zahlédnout v polštářích zapadlé, spící tváře –
bledou tvář dítěte v objetí s mojí ženou.

Kdopak je vyprostí z té křehké závěje!?
A jaká podivná obleva se tu čeká?
Paprsek – život sám – vystříkne na člověka
a člověk je.

Paprsek vystříkne a vzduch je jako krystal.
Nějaký drobný hmyz na okně právě přistál;
procitá celá čtvrť, kam oko dohlédne.

Odejít po špičkách, když štěstí dosud dýchá,
dlouze se ponořit do léčivého ticha,
než záblesk zanikne a nebude už dne.

She rarely came into my room.
She kept herself busy in the evenings –
still very pretty at that time – an indelible image…

And then, that language of hers!

Is this my heritage, of all things?

The river is in sight.
Depth markers like human heads.
And somewhere far away in the middle of Holešovice
mother is starting a new page…

SUNBEAM

Leaving on tiptoe (a little furtively)
on the old parquet floor, past the secretaire
catching a glimpse of sleeping faces buried in pillows
the pale face of my child in a tight embrace with my wife.

Who will pull them out of the fragile drift of snow!?
What strange thaw is expected here?
A sunbeam – life itself – splashes man with light
and makes him be.

The sunbeam splashes out and the air is crystal-clear.
A tiny insect has just landed on the window pane;
the neighbourhood is waking up as far as the eye can see.

To leave on tiptoe while happiness still breathes,
immerse oneself in the healing silence,
before the flash of light goes out and with it the day.

BYLO AŽ NESNESITELNÉ VIDĚT ZAS SEBE SAMA

Večerní slunce padalo korunami.
Kropilo cestičky a zídky pod kopcem…

Město však bylo dosud v pohybu.
Žár tepal v prasklině červencového dne.

Najednou jako by nebylo už co říct.
Všechno se zdálo dávno vyslovené…

Bylo až nesnesitelné vidět zas sebe sama.

A řídký červánek táhnout se po nebi
jak na počátku světa.

SVĚTLUŠKY

Pomalu, s citem rozkolébal vítr
několik pivoněk za plotem zahrady.

Jakoby skoro opuštěné časem
zdají se zřetelnější
až nyní – po letech – v mých očích.

Couráš se po pláži a vyslovuješ: „Písek!"
A vyslovuješ: „Kouř!" A: „Drobná tílka hmyzu!"
Zní to v tom tichu skoro jako skřeky,
jak vytí beze smyslu.

Pak cestou do kempu narazíš na člověka
(na malé písčině, kde každý šelest leká):
rákosí šustí, slyšíš poryv větru
hluboko od řeky za budkou záchodů.

Světluška zabliká – barvotisk této noci!

IT WAS UNBEARABLE TO SEE ONESELF

Speckles of evening sunlight fell through the trees
on to the paths and stone walls at the foot of the hill...

But the city was still in motion.
Heat pulsated in the crack of a July day.

Suddenly, there was nothing more to say,
everything seemed to have been said...

It was unbearable to see oneself again.

A thin red cloud stretched across the sky
as if at the beginning of the world.

FIREFLIES

Slowly, with feeling, the breeze swayed
the heads of peonies behind the garden fence.

As if abandoned by time
they appear clearer
only now, years later, to my eyes.

Strolling along the beach you pronounce: "Sand!"
and: "Smoke!" and: "Tiny insect bodies!"
In the silence, it sounds like screeching cries
like howling without sense.

Then, on the way back to the camp, you come upon a man
(on a small sand dune where every noise gives fright)
the reeds rustle, you hear the gusts of wind
from the river, way down behind the toilet block.

Flash of a firefly – a colour print of this night!

OSLNIVĚ BÍLÉ

Vánoční kaktusy na bílém parapetu.
Za okny pohyb –
jako by právě pohyb
vytvářel pocit této skutečnosti.

(Ale i výhled do dvora
je hoden pozornosti.
Dál věci žijí vlastním životem…)

A o co ostřejší je dnes kresba tvých rtů,
když lžička z alpaky zazvoní ve tvých prstech
o oslnivě bílý okraj šálku.

ŽÁR DROBNÝCH KVĚTŮ

Sestupujeme ulicí – za zády bránu skladů
(a nebo jiné vrátnice a brány) –,
sestupujeme ze svahu podél zdi Kateřinek,
vítr k nám přináší hrst prvních jarních vůní.

Jak vítr od jatek ve čtvrti mého dětství,
útočící jak nemoc za dloužících se dnů,
žár drobných květů vysoko nad hlavami.

Sestupujeme ulicí – už skoro mlčky.
Syrový vzduch se valí ve vlnách,
zrníčka písku vržou na chodníku.

DAZZLING WHITE

Christmas cacti on the white window sill.
A movement behind the pane –
as if it's the feeling of reality
created by movement, nothing else.

(The view of the back yard though
also deserves attention.
Things continue to live their life…)

How much sharper today is the line of your lips,
as the nickel-silver spoon in your fingers clinks
against the rim of the dazzlingly white cup.

THE HEAT OF TINY FLOWERS

We are walking down the street – the warehouse gates
(or other gates and gate-keepers) behind us –
downhill along the walls of St. Catherine's convent
a handful of spring scents carried on the wind.

Like the wind from the abattoir in my childhood,
attacking like an illness during lengthening days,
the heat of tiny flowers burning high above our heads.

Walking down the street – almost in silence now,
waves of raw air washing over us
grains of sand scraping underfoot.

PAVEL KOLMACKA

PHOTO: AUTHOR'S ARCHIVE

PAVEL KOLMAČKA was born in 1962 in Prague and graduated from the School of Electrical Engineering. He worked in various jobs and, since 1993, has worked as a technical translator from English. He has published two poetry collections, *Vlál za mnou směšný šos* (A ridiculous tailcoat fluttered behind me), 1994 and *Viděl jsi, že jsi* (You saw that you were), 1998, which appeared in German as *Du sahst, es gibt dich* in 2001, and the novel *Stopy za obzor* (Footprints leading beyond the horizon), 2006.

He lives in the village of Chrudichromy near Brno with his wife and two sons.

* * *

Dívali jsme se na město.
Cihelna, nádraží, kostel, fabrika.
Kouř splýval s nebem.
Kousek pod námi děti pouštěly
draka, divoký vítr jím smýkal.

Řeklas mi:
„Po čem se nám stýská?
Chceme,
co možná není."

Obrysy jemněly šerem,
v domech se rozsvěcela okna.
Klopýtali jsme o kamení
cesty, my jeden, my oba
duší a tělem obtíženi.

* * *

Houštiny chladu, keře tmy
semkly se kolem starých zdí.
Šlahouny, trnité větévky
nahmatávají skuliny

a vrůstají dovnitř.
Tam tikot hodin, elektroměr vrčí,
v kuchyni někdo zapomněl zhasnout.

Na stole pod lampou skvrna po mléce,
které rozlily děti,
talíř se zbytkem večeře.
Magické kruhy.

* * *

We gazed at the city from above.
The brickworks, station, plant and church.
The chimney smoke merged with the sky.
And down below kids flew a kite,
tossed about in the wind.

You said:
"What is it we're nostalgic for?
Do we want
what perhaps isn't there?"

The falling dusk made contours soft,
and windows lit up one by one.
As one we stumbled over stones
both burdened by body and soul.

* * *

Thickets of chill, undergrowth of darkness
crowded around old walls.
Climbers, thorny twigs
groping through crevices

and growing into them.
There, the clock ticks away, the meter purrs,
someone forgot to turn off the kitchen light.

Under the lamp the children's spilt milk
has left a stain on the table,
there's a plate with leftovers;
magic circles.

* * *

Sen o příbytku
ve tmě, tichu a bezpečí.
Jako by sis vzpomněl
na cosi podstatného.
Celého tě to naplnilo něhou,
že jsi celý den
jako opilý.

A jenom sedíš,
víš, že cosi je navždy pryč.
Proč se to stalo?
Proč zrovna ty
a zrovna teď se díváš,
jak den se tenčí
a láme v podvečerní šedi?

* * *

K večeru zvonily zvony.
Oknem se valily vlny
ticha a zvuku, síly.
Prostor se dochvěl až teď.

Stmívá se, sbírám drť ulit,
medúzy, lastury s trny,
věci, jež vyplavily
na opuštěný břeh.

* * *

A dream of shelter
secure in the dark, in silence.
As if you recalled
something of substance.
All day as if drunk,
filled to the brim
with tenderness.

Doing nothing but sitting there,
you know that something has gone forever.
Why has it happened?
Why you?
Now watching
the day grow thin
and break in the grey dusk.

* * *

The ringing of bells towards evening.
Waves of silence, sound and force
surging in through the windows,
making the space resonate until now.

Dusk falls as I collect sea grit,
jellyfish, shells with thorns,
things they have brought up
on to the deserted shore.

* * *

Šedavé skvrny, stromy v dálce
v černém zástupu houpou se, zvolna jdou si
směrem k osamělé fotbalové brance
na udusaném plácku za vsí.

Smráká se, kocour ve vikýři
za nimi zírá, sám ve tmě.
Ne, žádné stromy: rytíři
putují do svaté země.

* * *

Po řece táhnou chuchvalce bílé páry.
Topoly v černých šicích
strnule, pevně trčí:

rameno při rameni,
v hrozivém odhodlání
o krůček neustoupit.

* * *

Z jakého snu jsme se to vlastně probudili?
Je pozdní odpoledne, končí století.
Zas v tmavé v kuchyni, nesví, zaskočení.
V jakémže snu jsme se to právě ocitli?

Místo je povědomé. Blízkost známých věcí –
sporák a hrnce, nůž – sahá po srdci.
Z koupelny doléhá úpění staré pračky.
Sedíme, civíme do hloubky.

* * *

Grey stains, trees in the distance,
a swaying black crowd, slowly moving
towards the deserted goal posts
on the village green.

Dusk falls, a tomcat alone
in the window stares at them in the dark.
No, these aren't trees: they're knights
setting out for the Holy Land.

* * *

Wisps of white mist floating on the river.
Black rows of poplars
standing tight and firm:

shoulder to shoulder,
fiercely determined
not to take a single step back.

* * *

What kind of dream have we awoken from?
Late afternoon, end of the century.
In the dark kitchen again, awkard, trapped.
What kind of dream have we found ourselves in?

The place is familiar. Closeness of things known –
the stove and pots, the knife – grips the heart.
From the bathroom the old washing machine wails.
Sitting here, we stare into the depths.

* * *

Nic neopomenout, nic nepropást
z tohoto dne, který se naklání.
Nehybně, vážně, nevnímaje čas
sledovat oknem padající sníh.

* * *

Polední vzduch je nehybný,
vánek spí v hnízdě stromu.
Bůh už už něco napoví
nebo nám nastaví nohu.

Na návsi pihovatý chlapec
spadl z otcova kola.
S odřeným kolenem, s brekem
loudá se domů.

V prachu schne trocha krve.
Vysoko nad stromy se vzdouvá
modř nebe,
bílá skála mraku.

* * *

Déšť smýknutý větrem tě udeřil
jak těžká bota, holá kost.
V tu chvíli ses probral: Kde jsem byl?
A kolem nic než skutečnost.

Byls očitým svědkem, jak kdovíkam
shrbený kráčíš podle světel vsí.
V lijáku, daleko, na dohled rána, sám,
vrhal jsi stín, a tedy viděl jsi, že jsi.

* * *

To forget nothing, miss nothing
of this day drawing to an end.
Motionless, solemn, unaware of time
watching through the window falling snow.

* * *

Still midday air,
the breeze asleep
in the nest of a tree.
Before long God will give us a sign
or trip us up in one of his traps.

On the village green a freckled boy
falls off his father's bike.
In tears, nursing a grazed knee,
he's dragging his feet home.

A drop of blood dries in the dust.
High up above the trees
the billowing blue of the sky,
the white rock of a cloud.

* * *

The rain propelled by wind struck you
like a heavy boot, bare bone.
And at that very moment you came to.
Where have I been?
Around you, nothing but what's there.

An eye-witness of your own progress,
hunched, striding past village lights,
heading God knows where.
In the rain, far away, in the early hours, alone,
you cast a shadow, and that was when you saw you *were*.

KATEŘINA RUDČENKOVÁ

PHOTO: JAROSLAV CUDLIN

KATEŘINA RUDČENKOVÁ was born in Prague in 1976. A poet and playwright, her first poetry book *Ludwig* was published to general acclaim in 1999. Her second, *Není nutné, abyste me navštěvoval* (No need for you to visit me), 2002, was followed in 2004 by a collection of short stories *Noci, noci* (Nights, nights), one of which was included in *Povídky: Stories by Czech Women* (Telegram, 2006). Her latest book of poems, *Popel a slast* (Ashes and Pleasure), also appeared in 2004. Her third theatre play won her a residency at the Royal Court Theatre, London in 2007 and will be staged in Prague in 2008.

* * *

Co bych dal za to, aby Achmatovová sestoupila
z Petrov-Vodkinova obrazu, zatímco by stále tak
na mne hleděla… lehla by si vedle mě
ve tmě.

Na jaře ke mně sestupují jen touhy
Zbývá mi vpíjet se do věcí

*„ Na jaře se všichni ptáci
vracejí do Bibireva. "*

*„Pamatuješ, jak jsem ti na Vyhlídce
ukazovala toho muže v čele stolu? "*

Okouzlení přímou řečí.

NOCI

Zejména teplé noci s okny dokořán
jsou naplněny výkřiky a vzlyky.

Skrz korunu není vidět příchozích.
Tenhle rok tady končí.

Student, který je na ulici chodcem
a v moři tonoucím,
se stane maličkým svatým
v nějakém rodinném výklenku.

Tak a je noc. Poznáš mě
podle kroků a tvaru stínu.

* * *

I'd give anything for Akhmatova to step down
from Petrov-Vodkin's picture, and, continuing to fix me
with that gaze… lie down by my side
in the dark.

In spring I am visited only by desires
Nothing left to do but lose myself in things.

*"In spring, all the birds
return to Bibirevo."*

*"Do you remember me showing you that man
sitting at the head of the table in the Belvedere?"*

Enchanted by direct speech.

NIGHTS

Mostly warm nights with windows open wide
are filled with cries and sobs.

Visitors are invisible through treetops.
This is where the year draws to an end.

A student, who is a pedestrian in the street
and a drowning man at sea,
becomes a tiny saint
in some family alcove.

There, the night has come. You'll know me
by my footsteps and by the shape of my shadow.

NÁVŠTĚVA V SANATORIU

Gertruda si mě vezme stranou
svěřujíc mi rukopisy vytažené z ohně.

Na stěně tančí ancistrus
a její stín, když mě prosí
– řekněte mu, že se nejmenuji Berta!

Z ramen si střásá prachové brouky.
Berto… mluví s vámi někdy
aniž by blouznil?

Rozražené okno, terasa
plná holubů, živočišný vír. Dál
Gertruda už jen významně mlčí,
terasa povolila, pokoj vzplál.

VÝJEV SOULOŽÍCÍCH SE TI VRYL

Žena se svléká ve vestibulu,
z klubovek ji sledují unavené oči.
Černé podvazky se napnou do noci
a vystřelí.

Nějaký muž si ji bere u zrcadla,
ona se tě krátce zachytí pohledem.

Zrána se v polích drží jinovatka.
Kulaté lucerny v jídelním voze
jsou všechny měsíce,
cos pozbyl v myšlenkách
na ženy, jež jsou už zřejmě mrtvy.

Tam za okny,
nad kupkami hnoje,
se drží černí ptáci jako vdovy.
Aleje vedou neúprosně dál.

A VISIT TO THE SANATORIUM

Gertude takes me aside
entrusting me with manuscripts rescued from the fire.

An ancistrus dances on the wall
and her shadow, as she begs me
– tell him that my name is not Bertha!

Shaking off dust insects from her shoulders
– Bertha… does he ever talk to you
without raving?

A gaping window, a terrace
full of pigeons, animal vortex, then
nothing but Gertrude's charged silence
the terrace sinks, the room goes up in flames.

THE IMAGE OF A COPULATING COUPLE STAYED WITH YOU

A woman undressing in the foyer,
weary eyes following her from the armchairs.
Black suspenders stretch into the night
and snap.

A man is taking her by the mirror,
her gaze briefly meets yours.

Frost-covered fields towards the morning.
Round lights in the dining car
are all the moons
you lost thinking of women
that are, by now, most likely dead.

Outside the windows,
above the mounds of manure,
black birds like widows.
Avenues of trees leading mercilessly ahead.

VŽDY MY, VŽDY JINÍ

Něco přece muselo zůstat
ze společných probuzení,
sdílené nahoty.
Něco přece muselo zůstat
ze sítí představ o tom,
co přijde. Nic už si nevybavím.
Jak bezohledně to mizí.

A ty hýříš nápady a nadějemi?
A ty hladíš minulost
i budoucnost jako dvě
předoucí kočky
svýma teplýma rukama?

ZE SLOV

Co když se dívá
zpoza jiných očí.
Co když čas v jeho těle
plyne rychleji
a on má páteř starce.

Moře je vroucí, omývá ho,
neúpí, už jenom lpí.
Noc sevřena je v něm,
je stlučen ze slov
a dál stlouká.

ALWAYS US, ALWAYS THE OTHERS

Something must have remained
of those shared awakenings,
the shared nakedness.
Something must have remained
of those webs of notions
of what the future holds. Yet, nothing comes to mind.
How ruthlessly it fades away.

And you, are you full of ideas, full of hopes?
And you, are you stroking the past
and the future like two
purring cats
with your warm hands?

OF WORDS

What if he looks
from behind different eyes?
What if time flows
faster inside his body,
and he has the spine of an old man?

The scalding sea washes him,
he no longer laments, just clings onto
the night clasped inside him.
Made of words hammered together,
he goes on hammering.

BŘÍZA A VODA

Bez dechu, obklopeni zdmi,
tak jako jednou v budoucnu a spolu
budete zase.

K tobě se do vody ponořila tma,
chladnými ňadry se ti přisála na rty,
zježily se jí vlasy, zajíká se
tvým střízlivým vzrušením.

Spolu nejen tam, kde se mezi vás
už nevtěsná pro stisk kůže.

Jak by ti mohla chodidlem
pomalu přejíždět přes pohlaví, které tuhne
jako sklo v oknech, do nichž klepe vítr.

Proč si nic nepřejete.
Zamkli jste se tu a doléhá na dveře smích těch,
kteří vám temnou blízkost závidí.
Jste opilí.

Sotva odhalíš bílé rameno z kůry šatu,
už se z paty sesmeknul černý střevíc,
vztyčil se podpatek ke stropu, k nebi.
Noha už se ponořila,
místo ní a místo tmy se k tobě
do horké vody položila smrt z tvého snu,
žádoucí žena v bílém,
která tě odvedla za ruku,
přesně tak, jak sis přál.

BIRCH-TREE AND WATER

Breathless, surrounded by walls,
the way you will be again, together,
in the future.

Darkness has plunged into the water with you,
pressing her cold breasts to your lips,
her hair standing on end, your sombre excitement
making her tongue-tied.

Together, even where she could
no longer force her way between you,
skin on skin.

How she could slowly stroke your
stiffening sex
with the sole of her foot,
like window panes
tapped by the wind.

Why don't you make a wish?
You've locked yourselves in here, while the laughter of those
who envy you that dark intimacy leans heavily against the door.
You are drunk.

As soon as your white shoulder emerges
from the bark of your dress,
the black slipper falls off,
its heel pointing towards the ceiling, the sky.
The foot has already plunged in;
instead of her, and instead of the darkness,
the death from your dream has come
to lie down with you in the steaming water,
a seductive woman in white
who led you away by the hand
just as you had wished.

* * *

Vykloním se z okna
a tam po prázdné ulici této noci
pomalu kráčí Číňan se dvěma stíny
je spojencem dvou pouličních lamp
Pokuřuje
dívá se vzhůru
do mého okna
kde je v bytě ticho a jen já shlížím
do ulice na Číňana se dvěma stíny

PŘIJĎ SETMĚNÍ

Ten večerní doznívající proud lidí
slábnoucí světlo které ustupuje z ulic
Nechci zestárnout jako žena u vedlejšího stolu
jejíž vrásky jsou hluboké jako vzor svetru
jejího partnera
nechci zestárnout jako žena u druhého stolu
jejíž vlasy se více podobají paruce
než by paruka byla schopna podobat se vlasům
nechci aby se můj obličej ztratil ve výloze brýlí
vůbec nechci svou tělesnost která mě svírá
jako nepohodlná kajuta
těch zářivých lidí a trosek já mezi nimi
nastavující tělo slunci
a život náhodným výkladům

* * *

I lean out of the window
and there, tonight, along the empty street
walks a Chinese man with two shadows
accomplice of two street-lamps.
Smoking
he looks up
at my window
my silent apartment from where I look down
at the street and the Chinese man with two shadows.

COME NIGHTFALL

That evening stream of people with their lingering voices
the diminishing light withdrawing from the streets
I don't want to grow old like the woman at the next table
whose lines are as deep as the pattern on her partner's pullover
I don't want to grow old like the woman at the second table
whose hair resembles a wig
more than a wig could ever resemble hair
I don't want my face to be lost in the shop-window of spectacles
and most of all I don't want my own body
to clamp me tight like a narrow ship's cabin
all those radiant people and wrecks, I among them
exposing my body to the sun
and my life to random interpretations.

POHYB, TVRDOST

Poslední dobou nejsi svědkem
zběsilých promĕn,
ale jen nepatrných posunů.

Jdeme.

Uvnitř oblého kamenu,
který jsme našli cestou lesem,
je možná drahokam.

Rozbíjet ho proto nebudeme.

VŠECHNY BÁSNĚ KONČÍ SMRTÍ

Nedotýkej se dveří, do nichž vchází,
přišel ti jenom vynahradit noci,
v nichž jsi se svíjela žádostí.
A mačkat páteř.
Nedokážeš teď přijmout podobu,
v níž zároveň mizí? Buď klidná.
Mysli na prostor,
kde se dvůr dotýká domů,
jen se rozhlédni, o smrti jeho těla
se ti někdy zdá.

Nikdy se ze své touhy nevypíšu.
Ona se v studených dnech
mění na vzteklou urousanou kočku
s krví u tlamy. Asi pták nebo můra.

MOVEMENT, HARDNESS

Of late, you do not witness
rapid changes,
only minor shifts.

We are walking.

The round boulder
we've found during our stroll through the woods
may hide a diamond.

But that's no reason to break it.

ALL POEMS END IN DEATH

Don't touch the door through which he enters,
he's come to do nothing but make up for the nights
which found you writhing with desire,
and press down on your spine.
Are you now unable to accept the shape
in which he, at the same time, disappears?
Calm down, think of the space
where the courtyard touches the houses,
look around you, sometimes you dream
about the death of his body.

I'll never write my way out of my yearning
which turns into a vicious cat
with a blood-stained mouth. Must be a bird or a moth.

MILENEC A OČI

Na skleněné desce stolu zůstaly otisky
jeho prstů, na parapetu popel spáleného
třešňového tabáku, porušená struktura
prachu, kde se hnul.
Vzpomínka na slast zmizí jako první.
Sníh s jeho stopami, v nichž jsem šla,
a znovu minula plot s rozervanou rukavicí.
Drastické, říkám si, přesně tak drastické,
chycená v oka,
špinavá a sama.
Mohl by to být taky pták
krvácející z peří,
kdyby se přírodě zachtělo
dávat znamení.

VŮLE A PODVĚDOMÍ

Ze sna křičíš hrůzou,
protože ti neznámá ženská postava
pohybuje postelí a celým tělem.

Co je na tom hrozného, říkáš pak za dne,
nebyla to přece žádná příšera ani zrůda.

Jako bys nechápal, že ta cizí vláda
nad tvým tělem
je začátek průzračného šílenství.

LOVER AND EYES

His fingerprints remain on the glass-table surface,
ashes of burned cherry tobacco on the window-sill,
the disturbed pattern of the dust where he moved.
The memory of pleasure fades first.
Then the snow with his footprints which I followed
once more past the fence with the torn glove.
Drastic, I tell myself, just as drastic
as being caught in a trap,
dirty and alone.
It could also have been a bird
with blood-stained feathers,
if nature were in the mood
for signs.

WILL AND SUBCONSCIOUS

You cry out with horror in your dream,
because an unknown female figure is moving your bed, your whole body.

What's so frightening about it? you say in daylight,
she was neither monster nor fiend.

As if you didn't understand that the stranger's control
over your body
was the beginning of transparent lunacy.

POPEL A SLAST

Klid je v umírání,
které nás halí. Mlha
nad lesem, pozvolný rozhovor,
volná chůze, my.

Společné noci,
v nichž nasloucháš oddechování
a pozoruješ tvář stopenou
v myšlenkách plujícího mozku.
Vše širé nás konejší:
pole, nebe, hladiny jezer a moří.

Noří se do tebe. Rozkoš, blesk.
Zvedá se na kolenou a pažích.

Dávno už nevíš,
zda jde o slastný vzdech, nebo úpění,
rytmický pochod za rakví,
nebo milostné přirážení.

POHŘBÍVÁNÍ SLASTI, PRAVÁ TVÁŘ

Ještě jdu, ano,
ale s tělem napůl vnořeným pod zem,
takže mě v klíně stále chladí hlína.

Žár mých boků je žravý,
mou pravou podobou
je vlhký stín, přítmí, sytý pach plísně a dým.

ASHES AND PLEASURE

Peace is in the dying
that shrouds us. Mist
over the woods, slow conversation,
slow walk, us.

Nights together
when you listen to the breathing,
watching the face sunk
in the thoughts of a drifting mind.
Everything open consoles us:
fields, sky, the surface of lakes and seas.

Sinking into you. Pleasure, lightning.
Rising on hands and knees.

You can no longer tell
the sigh of pleasure from a sob,
the rhythmical steps following a coffin
from the thrusts of love.

BURYING PLEASURE, TRUE FACE

I'm still walking, yes,
though my body is half buried in the ground,
cool soil in my lap.

The heat of my hips is voracious,
my true form
is damp shadow, twilight, the solid smell of mould and smoke.

SETKÁNÍ ZA JASNÉHO DNE

Vynořila se z druhého konce lesa.
Sledovala ji, jak se blíží přes hrboly a trsy
jako kdysi. Jen nepatrná zachvění,
nic to nepřipomíná,
vůbec nic.

„Měla jsem sen,“ řekla,
„v němž jsme my dvě zplodily syna.
Tys byla plná výčitek mně mířených,
tak jako otcům, kteří se nestarají o děti.
Tys svojí matkou byla, já otcem tvým.“

Položila ji do trávy
a dotkla se dlaní břicha.
Přitiskla k němu hlavu a z té pozice,
cítíc její uvolněný dech,
pozorovala, jak se ve větru
pohybují žluté klasy.

ROZKLAD ČASU

Najednou nebylo možné
udržet vědomí pohromadě.
Lože, na němž spali,
pod bílým přehozem
skrývalo svědectví orgasmů.
V noci tančili, za dne spali.
Potom odjeli.
Nedalo se to už nijak dokázat.

DAYLIGHT ENCOUNTER

She emerged from the far end of the wood.
She watched her come closer across the mounds of grass
as before. Minuscule tremors,
resembling nothing,
nothing at all.

"I had a dream," she told her.
"In it, we produced a son together.
And you were full of reproach
as if towards a father neglecting his child.
You were your mother, I your father."

She laid her down on the grass,
placed her palm on her belly,
pressed her head against it
and, from that position,
feeling her relaxed breathing,
she watched the golden wheat
sway in the breeze.

DISINTEGRATION OF TIME

Suddenly, it was not possible
to keep consciously composed.
The bed on which they slept
under a white blanket
hid evidence of orgasms.
At night they danced, by day they slept.
Then they left.
It was no longer possible to prove it.

VIOLA FISCHEROVÁ

PHOTO: AUTHOR'S ARCHIVE

VIOLA FISCHEROVÁ was born in 1935 in Brno. She worked in the Czech radio during the sixties. In 1968 she emigrated to Switzerland with her husband, the author Karel Michal. In 1985 she moved to Germany and in 1994 she returned to live in Prague. Between 1975 and 1994 she contributed to Radio Free Europe. She began writing in the 1950s but was not allowed to publish until the 1990s, since when she has brought out eight collections of poetry and translations from Polish and German. Her short story is included in the anthology *Povídky: Stories by Czech Women* published by Telegram in 2006. The poems in this anthology are from her collections *Babí hodina* (Hag's Hour), 1994 and *Nyní* (Now), 2006.

* * *

Nyní

jmění vteřiny
co je a není
do konce nadosah

nyní

běloba s černí
psice se znamením rakoviny
šílící radostí ve sněhu

nyní

dávná budoucí cesta
jiskřící závějí

Žádné příští

* * *

A ona?

Kolikrát se jí ještě budou zdát
ti tři kteří ji mučí
při výsleších

a plakat
že musela lízat
svoji krev z podlahy

a že to udělala

A oni?

Zda ještě někdy
v zahrádce nad růžemi
sní

* * *

Now

the property of a second
what is and is not
up to its end within reach

now

white with blackness
bitch with the sign of cancer
raving with delight in the snow

now

the long-ago future pathway
sparkling in snowdrift

No oncoming

* * *

And she?

How many times will she dream again
of those three who tortured her
in interrogations

and weep
that she had to lick
her blood from the floor

that she did it

And they?

I wonder if they still ever
over the garden roses
dream

jak se před nimi
a na kolenou
plazí krásná mladičká holka
a vzlyká a krvácí

* * *

Matce

Matku jako mouku
rozsypali do trávy
a zalili

Sama jsi chtěla
to těsto
ze sebe a z hlíny

rozpadnout se
smísit
a znovu krmit

Na té louce mami
mám tři bratry smrky
A taky se k nim nesmím
nikdy přiblížit

* * *

Jen kam
to tam mám jít
do té tmy
kde mezi hvězdami krouží
a tančí má dívčí
matka

ta útloboká polopanna
s liščíma očima

of how before them
down on her knees
the young lovely girl crawls
and sobs and bleeds

* * *
  For Mother

They scattered my mother
like flour onto the grass
and watered

You wanted this yourself,
this dough
made of yourself and of clay

to disintegrate
to mix
and to nourish again

There on that meadow mother
I have three brother-spruces
And I too am not allowed
ever to come near them

* * *

But where
am I to go
into that dark
among the stars where my girlish
mother circles
and dances

that slim-hipped semi-virgin
with foxy eyes

Ještě mě nechce ještě
mě nemá ještě se odvrací
a hledí jinam

a už jsem ach její
strach a ona moje
úzkost

Ta první zahrada

Tam orli a hadi vypíjí
nenarozencům oči
a bílý jednorožec
nepřítel dívek a embryí
je zabíjí

Tam řeka neodtéká
pec peče děti
a kde tam jsi
jsi proti

Už toho nechej matko
Obě jsme polkly hada
Ty mne a tebe
já

Jak jsi mě střežila!
Celý život jako oko
v hlavě
neúprosné nemrkavé
tvoje mé
Už toho nechejme

Ty mi přece matko nikdy
nepovíš kam to tam
mám jít
do té tmy
kde ty si tančíš dívčí
mezi hvězdami

Still she doesn't want me still
doesn't have me still turns aside
and looks elsewhere

and now I am oh her
fear and she is my
anxiety

That first garden

There eagles and snakes drink out
the eyes of unborn children
and a white unicorn
enemy of girls and embryos
slays them

There the river does not flow
a stove bakes children
there, where you are
you are opposite

Stop it mother
We have both swallowed a snake
You me and I
you

How you cherished me!
All your life like the apple
of your eye
implacable unblinking
yours mine
Let's stop it now

After all mother you never
will tell me where
I'm to go
into that dark
where you girlishly dance
among the stars

* * *

Moje matka mě zasnoubila
s japonskou dívkou

Jeho matka mi vzala míru
na šat který jsem chtěla mít
a strojila svatbu
Dívka mě směla políbit

Jak si já dívka
mám dívku vzít
jak se s ní mohu
oženit

Matka a otec
po starém japonském zvyku
jali tu dívku
a vsadili do klece

Tam shořela rychle
jak jsem jen letmo zahlédla
z dálky

* * *
  Matce

A ona odchází
opouštěná i obrazy
Unavená
už neuzvedá svá dvě těla
sebe ztuhlou a studený dům

už nezápolí
do rána s košilí
a punčochami

Už to vzdala
Všechno co nebyla i byla
a mohla být
Už si neslouží

* * *

My mother betrothed me
to a Japanese girl

His mother measured me
for a dress I wanted to have
and prepared a wedding
The girl was allowed to kiss me

How can I a girl
take her for a husband
how can I become
her wife

Mother and father
according to ancient Japanese custom
took this girl
and put her in a cage

There she burnt quickly
as I briefly glimpsed
from afar

* * *
  For Mother

And she leaves
being abandoned even by images
So tired
she can no longer lift her two bodies
the stiffened self and the cold home

no longer struggles
till morning with a shirt
and stockings

Has given up
Everything she wasn't and was
and could have been
No longer looks after herself

Propustila i návštěvu
co nepřichází

Leží tichounce
a sní o svém posledním zeleném stromu
za oknem

* * *
Vladimíru T.

Ach kdo se ještě ptá
na její ctnost a v kolika
postelích zabíjela touhu
jak velké měla oči
a čí byla její hanba
když ráno v lůžku překročila tělo
a plížila se ven do dne
opět bez dítěte
které by mohlo
malovat hůř a
nebo líp
než on

* * *
Josefovi

Jako by šlo o to kde
a jak tráví stárnoucí čas
protáhlých letních odpolední

bloudí-li
pod královskými duby
zezlátlou děravou vzpomínkou
či v kavárnách kde vyrostla
dojídá co je a není
pro ni

Has let go even the visit
that does not come

Lies ever so quiet
and dreams of her last green tree
beyond the window

* * *
For Vladimír T.

Ah who still asks
about her virtue and the number of
beds in which she killed desire
how wide were her eyes
and whose was her shame
when in the morning she stepped over a body in bed
and crept out into the day
again without a child
who might
have painted worse
or better
than him

* * *
For Josef

As if it was a matter of where
and how she spends the ageing time
of drawn-out summer afternoons

whether she wanders
under the royal oaks
in gilded gap-filled memory
or in the cafés where she grew up
eating up what is and is not
for her

anebo
zda na lavici na návsi
cizí vsi
zlehka zapouští kořeny
do prachu a hlíny
za dávného vyzvánění
štiplavých pachů
chlévů a stájí

* * *

Před pár dny propukly pupeny
teď v aleji prýští
nalité špičky větví
Na slunci do naha obnažené
dětství páchne
pudrem a močí
Pomalý těžký proud
padá
do brázdy vody a pění
Těla nenávidí
práva jež měla kdysi

* * *
   Pavlovi

Když si pomyslí
že nechce už nic
vrhají se k ní dávné krajiny
v prudkém poledním slunci
– Tady na kameni ses jednou smál
ve vlnách
opravdu šťasten –
Mně z budoucna zeje
jenom co minulo

or else
if on a bench on the green
of an unknown village
she gently puts down roots
into the dust and the clay
to the age-old pealing
of pungent smells
from stables and cowsheds

* * *

A couple of days ago the buds burst
now the swollen tips of branches
gush down the avenue
Stripped down to nakedness
childhood reeks in the sun
of powder and urine
A heavy slow stream
falls
into the furrow of water and foams
Bodies hate
the rights they once had

* * *
For Pavel

When it occurs to her
she no longer wants anything
long-ago landscapes hurl themselves at her
in the hot midday sun
– Here on a stone once you laughed
in the waves
truly happy –
For me from the future there gapes
only what has passed

* * *

Jak křupe a chrupe zelené ráno
v zubech dcer jejích dcer
kdy ona
v polknutých ústech bezhlese žmoulá
jména
mrtvého muže a syna
a jí jenom sebe

Nechce pít zírá a sotva se zvedá
z křesla v pokoji
Že jí začala smrt ví
stejně málo jak její lysá čuba

ležící u zídky plná
života který už není
k unesení

* * *

Ale ony nám unikají
ty stařeny z prachu
a pytloviny

V lázni osoušené
svými statnými
mrtvými krásnými
muži

ty stařeny
sežmoulaných tváří
které nepoznává
už ani zrcadlo

ty stařeny
se klidně
shlížejí
samy v sobě

* * *

How the green morning grits and crunches
in the teeth of her daughters' daughters
when she
voicelessly chews in her swallowed mouth
the names
of her dead husband and son
eating only herself

Not wanting to drink she stares scarcely getting up
from the armchair in her room
That her death has begun she knows
as little as her hairless bitch

lying by the wall full of
life no longer
bearable

* * *

But they elude us
those old women of dust
and sackcloth

Dried in baths
by robust
handsome dead
husbands

those old women
with crumpled faces
no longer recognised
even by the mirror

those old women
calmly
reflected
in themselves

nad černými mramorovými
stolky
s talířky hrníčky
a konvičkami

* * *

A tajně čarují
ty vědmy jakoby
v nevlastní kůži
jež už a ještě vědí
jak lehce se chodí po chodnících
v úzké sukni a na podpatcích

a jak se v samém středu vření
promění stařeny jakoby
v krásné ženy
a kráčejí nadnášené pohledy

ty dívky jakoby
v cizí kůži
jež už a ještě tuší
k čemu jsou dobří muži

a touží
po chlapci s líbajícími ústy
pod jejichž doteky zmizí
kvetoucí pupence i zašlé jizvy

a ony za bílé noci milované
až do rána
zůstanou ležet
jakoby nahé a s propletenýma nohama
a nevztáhnou na sebe prsty
dokud je neopustí
jejich milý
za jednou chvíli
prvního spánku

over black marble
tables
with saucers cups
and jugs

* * *

And secretly they cast a spell
those witches as if
in an alien skin
who now and always will know
how lightly to walk the street
in a tight skirt and heels

and how in the very centre of ferment
the old women change as if
into beautiful women
walking buoyed-up by looks

those girls as if
in another's skin
who now and always will sense
what men are good for

and they crave
for boys with kissing mouths
whose touches make vanish
flourishing spots and faded scars

and loved in the white night
till dawn comes
they remain lying
as if naked legs entwined
laying not a finger on themselves
till left
by the lover
for a single moment
of first sleep

* * *
Olze Castiellové

A nikdy už nezačnou
průhlednou svítivou
vzlétavou hru plamenů
Už vyhořely
V posvátném ohni
se teď pálí jejich dcery
Závidí jim? Nezávidí?
Ty stařeny berou mlčky
na klín své malé vnučky
a houpají je
a hladí

* * *
Weře Rathfelderové

A nakonec milují
ty stařeny
i zrzavou lovku
co dáví ježky

a flekaté kočky
jež jim nosí
zrána do peřin
mrtvé kosy

A škrábou pod krčkem
a za ušima
tu něhu která
neumí být jiná
a ráda mlsá
krvavé kousky masa

* * *
For Olga Castielli

And never do they begin again
the transparent lucent
upward-fluttering game of the flames
They are consumed
And in the holy fire
their daughters are burning
Do they envy them? Not envy?
Those old women silently take
their young granddaughters on their laps
they rock
and stroke them

* * *
For Wera Rathfelder

And in the end
those old women love
even the ginger hound bitch
that exterminates hedgehogs

and the patchy cats
which bring
dead blackbirds
to their beds in the morning

They scratch them beneath the chin
and behind the ears
that tenderness which
cannot be different
and likes to feast
on bleeding chunks of meat

* * *

A bývají samy
ty stařeny
od štědrého večera
k štědrému dni

To ještě jednou
před nimi prostřou
královskou tabuli
s rybami na míšni
stříbrným náčiním
a svícny které měly

ty stařeny před nimi
co přicházely
už v černém
a s posledním prstenem

ty mrtvé stařeny
s rodinným jměním
brad nosů úst a očí
které si o Vánocích
dělí děti a vnuci
jejich dětí

* * *

A někdy už mají dost
Někdy se rozpláčou
když zakopnou o rohož
a nekopnou zpátky

Ty stařeny
dcery matek
a matky dcer
jež milují
a ječí

Ach touho po sladkosti!

* * *

And they live alone
those old women
from Christmas Eve
to Christmas Eve

One more time
they spread before them
the royal table
with fish on Meissen china
silver cutlery
and candlesticks which

those old women before them had
who came
already in black
with their last ring

those dead old women
with heirlooms
of chins and noses mouths and eyes
divided at Christmas
amongst their children's grandchildren
and children

* * *

And sometimes they've had enough
Sometimes they weep
when they trip on the mat
and don't kick back

Those old women
the daughters of mothers
and mothers of daughters
who love
and shriek

Oh the longing for something sweet!

V koutku cukrárny
pak cpou ty stařeny
zmrzlinou šlehačkou
a krémem z dortů
tu malou holku

co taky nesměla
a musela
a chtěla umřít
v koupelně na dlaždicích
už když jí bylo
šest

* * *

A jednou každá z nich
v koupelně ve dveřích
dopustí
poslední porážku

To potom s úlevou
a téměř pobaveně
přihlížejí té pokálené
cizí staré ženě
co se už neštítí
odsouzená navždy k bytí
jako k nebytí

* * *

A kolem nich pěstují
parky a zahrady
Za oknem kde ještě
před týdnem
a včera
byla celá její zeleň
civí teď betonová zeď

and then in the corner of the patisserie
those old women stuff
with ice-cream whipped cream
cake cream
the little girl

who also wasn't allowed to
and had to
and wanted to die
on the tiles of the bathroom
when she was only
six

* * *

And one day every one of them
in the bathroom doorway
commits
the final defeat

Next with relief
almost with amusement
they inspect this incontinent
alien old woman
who is no longer squeamish
condemned forever to be
as not to be

* * *

And all around they cultivate
the parks and gardens
Beyond the window where only
a week ago
and yesterday
all their greenery was whole
a wall of concrete gapes

Bezhlavá řada keřů
ořezaná pro krásu přespříštího jara
ptačí křik odnikud

Poplakává a tajně se jim mstí
Všechny je opustí!
I bez listí
raší a bují pod zemí
sladké její dřív
A natahuje k ní kořeny

* * *

A ona co slyší nevidí
co hmatá nechápe
Vůně napovídá paměti
ale paměť očí nemluví
k paměti sluchu a hmat
podrží jen úzkost
z neznámé

Zamýšlí co nemyslí dělá
co dělá dopouští se
odlišného celé dny
v posteli jemu navzdory
který ji opustil a
žije si sám
osud kostí a prsti

* * *
   Sylvii Kirchhoffové

A jejich opouštění
má vyhublá ramena
To samá kost
jim dává znamení

A headless row of shrubs
pruned for the beauty of the spring after next
birdsong from nowhere

Weeping a little she secretly plots revenge
She'll abandon the lot of them!
Even without leaves
her sweet once-was
buds and sprouts underground
stretching its roots toward her

* * *

And what she hears she does not see
what she feels she does not grasp
The scent prompts the memory
but the memory of eyes does not speak
to the memory of hearing and touch
holds only the anxiety
of the unknown

Means to do what she does not mean
does what she does
spends days doing something else
in bed in spite of him
who left her and
who lives alone
the fate of bones and of earth

* * *
For Sylvia Kirchhoff

And their abandonment
has gaunt shoulders
That is the all-bone
giving them a sign

Vede je za noci
po lávce nad propastí
vlídně jak anděl strážný

Ukazuje jim
dívčí matku pod jabloní
střelhbitý úsměv srpem
královská křídla
z nichž vypadla perla
otce a muže
chlapce pastýřka
zkamenělého v reliéfu
a čtyři šťastné dny

Zrána u husího rybníka
pouští zpět do vody
dávná embrya
živá a hravá

Odpočívá
Jak urputně se choulí
její klouby do měkkých dlaní

* * *

Co však ty malé holky v nich?
Ty které sťala
ještě jim nebylo dvanáct
samotná láska
samotná zrada

Ty plavé s lilií
co za noci lítaly
nad dlouhými temnými vlnami
s kolínky sevřenými

Už brzy půjdou
do té hnědé tmy
kde otcové odloží brnění

It leads them at night
over the plank bridge above the precipice
kindly like a guardian angel

It shows them
the girlish mother beneath the apple-tree
the arrow-shaft smile of a sickle
regal wings
from which a pearl dropped
father and man
boy little shepherd
turned to stone in relief
and four happy days

At dawn beside the goose pond
it lets back into the water
ancient embryos
living and playful

It rests
How obstinately her knuckles
huddle into the soft hands

* * *

What of the little girls within them though?
Those who were felled
when they were not yet twelve
by love itself
by betrayal itself

Those fair-haired lily-bearing girls
that flew in the night
over the long dark waves
knees gripped tight

Soon they will go
into that brown dark
where their fathers will strip off their armour

a na zlatém listí je nazí
budou milovat jako muži

a matka ta svatá
pod plachetkou
tam nebude
odejde do kláštera

a milenky zdřevění
a upadnou jim ruce

a tam v té tmě
kam každá půjde sama
těm malým holkám zas
přiroste uťatá hlava
a jejich rozbité srdce
se zcelí

a ony už navždycky
budou milovat
jak milovaly jen jednou
tak úplně
a bez viny
muže
který je otec a bůh

* * *

Čas ještě a už
skoro na konci přicházejí
jejich vyvolení lásky hodní
pouze ve snu
Zatímco ony
po nocích loví z proudící vody
své stříbro bílé a lesklé
léta

and naked on golden foliage
will love them like men

and that holy mother
beneath the kerchief
won't be there
she'll go to a nunnery

and mistresses will turn to wood
their hands will drop off

and there in that dark
where each will go alone
all the little girls'
cut-off heads will grow back
and their broken hearts
become whole again

and they will
forever love
as they loved only once
so wholly
and without guilt
the man
who is father and god

* * *

Time yet and now
almost at the end they come
their chosen ones worthy of love
only in dreams
While they
at night fish from streaming water
their silver white and shining
years

PHOTO: AUTHOR'S ARCHIVE

ALEXANDRA BÜCHLER was born in Prague and was educated there, in Thessaloniki, Greece, and Melbourne, Australia. She has lived in Great Britain since 1989. She is founding director of Literature Across Frontiers, a programme of international literary exchange based in the UK, and a member of the editorial board of its European Internet Review of Books and Writing, *Transcript*.

A translator of fiction, poetry, theatre plays and texts on modern art and architecture from English, Czech and Greek, she has published over twenty-five works, including books by such authors as J. M. Coetzee, David Malouf, Jean Rhys, Janice Galloway and Rhea Galanaki in Czech translation. She has also edited and part-translated a number of anthologies, including *This Side of Reality: Modern Czech Writing* (1996), *Allskin and other tales by Contemporary Czech Women* (1998) and the most recent *A Fine Line: New Poetry from Eastern and Central Europe (*Arc Publications, 2004).

PHOTO: EVAN RAIL

JUSTIN QUINN was born in 1968 and has published four books of poetry, most recently *Waves & Trees* (Gallery, 2006). He has written studies of American and Irish poetry and, since 1995, has taught at the Charles University, Prague where he is now senior lecturer. His translations of Petr Borkovec's poetry, *From the Interior: 1995-2005* will be published by Seren in 2008.

PHOTO: PRAGUE WRITERS' FESTIVAL

JAMES NAUGHTON was born in Edinburgh. He teaches Czech and Slovak at Oxford University and is the author of *Czech: an Essential Grammar* and two language textbooks, *Colloquial Czech* and *Colloquial Slovak*, and editor and part-author of the *Traveller's Literary Companion to Eastern and Central Europe*. His published translations include Miroslav Holub's *The Jingle-bell Principle*, Bohumil Hrabal's *Cutting it Short, The Little Town where Time stood still*, and *Total Fears: Letters to Dubenka*.

He has also contributed to several anthologies of shorter works in translation by other Czech writers such as Alexandra Berková and Zuzana Brabcová.

Other anthologies of poetry in translation
published in bilingual editions by Arc Publications
include:

Altered State: An Anthology of New Polish Poetry
EDS. ROD MENGHAM, TADEUSZ PIÓRO, PIOTR SZYMOR
Translated by Rod Mengham, Tadeusz Pióro *et al*

*A Fine Line: New Poetry from Eastern
& Central Europe*
EDS. JEAN BOASE-BEIER, ALEXANDRA BÜCHLER, FIONA SAMPSON
Various translators

Six Slovenian Poets
ED. BRANE MOZETIČ
Translated by Ana Jelnikar, Kelly Lennox Allen
& Stephen Watts, with an introduction by
Aleš Debeljak
NO. 1 IN THE 'NEW VOICES FROM EUROPE & BEYOND' ANTHOLOGY SERIES,
SERIES EDITOR: ALEXANDRA BÜCHLER

Six Basque Poets
ED. MARI JOSE OLAZIREGI
Translated by Amaia Gabantxo, with an introduction by
Mari Jose Olaziregi
NO. 2 IN THE 'NEW VOICES FROM EUROPE & BEYOND' ANTHOLOGY SERIES,
SERIES EDITOR: ALEXANDRA BÜCHLER

*A Balkan Exchange:
Eight Poets from Bulgaria & Britain*
ED. W. N. HERBERT

Lightning Source UK Ltd.
Milton Keynes UK
UKHW041312190320
360609UK00002B/67

9 781904 614180